Über dieses Buch

Niemandem werde es schlechter gehen, hatte weiland Bundeskanzler Kohl den Ostdeutschen beim Eintritt in das politisch vereinigte Deutschland versprochen. Unzählige Filme und Dokumentationen endeten seither mit dem Jubel auf der Mauer. Es ist, als wäre eine Selbstbestätigung nötig: Was da 1989 begann und sich seither fortsetzte, war richtig, richtig, richtig. Dieses Buch fragt ausnahmsweise mal nicht nach dem, was sich für den Ostdeutschen verbessert, sondern – messbar – verschlechtert hat.

Über den Autor

Matthias Krauß, geboren 1960 in Hennigsdorf, volontierte bei der »Märkischen Volksstimme« Potsdam, studierte Journalistik an der Karl-Marx-Universität und arbeitete bis 1989 als Redakteur der »Märkischen Volksstimme«, Bereich Jugendpolitik. Seit 1990 ist er als freier Journalist in Potsdam tätig, vor allem im Bereich Landespolitik Brandenburg. Er war Gründungsmitglied der Landespressekonferenz Brandenburg, schreibt für diverse Blätter und Agenturen und veröffentlichte mehrere Bücher.

Matthias Krauß

Die große Freiheit ist es nicht geworden

Was sich für die
Ostdeutschen seit der Wende
verschlechtert hat

Das Neue Berlin

»Die große Freiheit ist es nicht geworden.
Es hat beim besten Willen nicht gereicht.
Aus Traum und Sehnsucht ist Verzicht geworden.
Aus Sternenglanz ist Neonlicht geworden.
Die Angst ist erste Bürgerpflicht geworden.
Die große Freiheit ist es nicht geworden,
die kleine Freiheit – vielleicht!«

Mit dem Gedicht »Die kleine Freiheit« blickte der Dichter Erich Kästner auf die ersten Jahre der deutschen Bundesrepublik zurück. Diese Zeilen sind inzwischen auch Ostdeutschland wie auf den Leib geschrieben.

Inhaltsverzeichnis

In eigener Sache 9

Mehr vereinigt – weniger vereint 15

»Missionen«, »Einsätze« – aber kein Krieg 21

Ein altes Lied, ein schlechteres Lied 33

Entleert, überfüllt, gespalten und prüde 35

Mit Stalins freundlicher Genehmigung 49

Von der Wiege bis zur Bahre 53

Standort Ostdeutschland 69

Die kapitalistische Lektion 83

Nicht nur die Wiesen und Felder ... 89

Bauboom und Wohnungsnot 105

Verschuldet bis über beide Ohren 113

Schlechte Noten 123

Rechtsstaat und Recht 139

Um Epochen voraus 159

Klassen per Gesetz 163

Wieder eine Art Agnes 171

Rentenlüge neuen Typs 175

Von der Vielfalt zur Einfalt 183

Die Phase im Rausch 191

Das Kind und das Über-Kind 203

Im Gleichschritt und im Laufschritt 215

Hexe, Jude, Stasi-IM 219

Zeitgeschichte als Problemfall 241

Wenn am 13. August 1961
die Wende stattgefunden hätte 249

Ach, die Geschichte wird stets länger
und kürzer das Brot.

Friedrich Schiller

In eigener Sache

Männer, Frauen, deutsche Jugend …

Zugegeben, diese Anrede ist zu bombastisch, um im gegebenen Rahmen ernst genommen zu werden. Als diese Zeile tatsächlich als Überschrift in der Zeitung stand, war sie aber ernst gemeint. Das war der Auftakt des Aufrufs der Kommunistischen Partei im Juni 1945 »Wir bauen Deutschland wieder auf«. So umfassend ist mein Anliegen heute natürlich nicht. Also – nun ein paar Nummern tiefer: An meine Leserinnen und Leser. Hier klingt der schöne Stil an, mit dem sich Kaiser Franz Josef I. an die Öffentlichkeit wandte: »An meine Völker …« Auf diese Weise brachte seine Majestät seinen Untertanen schonend die Tatsache bei, das Österreich nun im Kriege stehen würde. Wenn ich mich aber »an meine Leserinnen und Leser« wende, dann will ich das Gegenteil tun. Dies ist die Verkündung eines Kriegsendes. Hiermit wird mein dreißigjähriger Privatkrieg abgebrochen. Ich unterzeichne feierlich einen einseitigen Waffenstillstand.

Dass man Toten nichts Schlechtes nachsagt, gilt offenbar als Norm nur im individuell-menschlichen Bereich. Staaten können das nicht für sich reklamieren und ganz besonders nicht die 1990 verblichene DDR, die angesichts des seit dreißig Jahren gegen sie durchgezogenen agitatorischen Programms eine einzige Schreckenskammer gewesen sein muss. Seit dreißig Jahren kämpfe ich um den postumen Ruf der DDR. Dabei ging es mir nicht darum, dunkle Seiten zu bestreiten und bedenkliche oder fragwürdige Dinge zu verharmlosen. Es geht mir allein darum, dem einseitigen Mainstream etwas entgegenzusetzen.

Enfant perdu

Ich versichere hiermit: Wäre wirklich eingetreten, was der deutschen Aufarbeitung das Lebenselixier ist, wäre die DDR nach der Wende wirklich nur pausenlos verherrlicht und verklärt worden, wenn wirklich ihre »dunklen« Seiten verschwiegen worden wären – ich hätte die Korrektur dann sozusagen von der anderen Seite aus vorgenommen. Diese Annahme aber ist obsolet. Wir haben nicht das Problem der Idealisierung der DDR, sondern das ihrer einseitigen Verteuflung.

Die DDR war weder so gut, wie sie sich selbst dargestellt hat, noch war sie so schlecht, wie sie nach der Wende in der offiziellen und öffentlichen Darstellung notorisch gemacht wird. Es schickt sich nicht, sie auf eine dieser beiden Seiten zu reduzieren. Da dies aber geschieht und eine ganze Aufarbeitungsindustrie sich auf Kosten des Steuerzahlers gebildet hat, um dieses Bild dem Publikum einzubrennen, habe ich in Büchern und Zeitungsbeiträgen dagegen angekämpft. Mit dem hier vorliegenden Werk schließe ich dieses Kapitel für mich ab. Diesen Pfeil schieße ich noch ab, und dann ist Schluss. Zum einen, weil ich den Kreis thematisch ausgeschritten bin, zum anderen, weil möglicherweise in Kürze Dinge eintreten, welche die deutsch-deutsche Debatte, die »Vergangenheitsbewältigung«, völlig überwalzen und gegenstandslos machen werden. Wer die DDR richtig, richtiger, am allerrichtigsten sieht, wird dann nicht mehr wichtig sein.

Was meine ich mit »geistig ausgeschritten«? Mit dem vorliegenden Werk beende ich einen privaten Zyklus meiner Buchpublikationen. Er begann mit dem Buch »Der Wunderstaat«, in dem ich am eigenen Schicksal darlegte, wie ein Leben in der fest umrissenen DDR-Murkelei in Ereignisse fernster Welten einbezogen hat und wie man als DDR-Bürger in weltweite Kabalen verwickelt und verstrickt werden konnte. Ich füge hinzu: Mit hoher Wahrscheinlichkeit war der einstige DDR-Bürger an der Welt und ihren Fragestellungen viel stärker interessiert als der heutige Ostdeutsche.

Es folgte das Buch »Die Partei hatte manchmal Recht« – womit ich darstellte, was an der DDR nicht allein vertretbar, sondern achtbar und vorbildlich war – so vorbildlich, dass die Bundesrepublik in vielen Bereichen sich der DDR-Position angeschlossen hatte, und warum es auch einen Anteil der DDR an der Tatsache gab, dass 1990 das weltweite Bild vom Deutschen niemals in der Geschichte so gut war wie zu diesem Zeitpunkt. Mit »Völkermord statt Holocaust, Jude und Judenbild im Literaturunterricht der DDR« habe ich mich mit den Vorurteilen in einem Spartenbereich auseinandergesetzt, um auch hier Weltbilder vom Kopf auf die Füße zu stellen.

In »Wem nützt die Aufarbeitung?« widmete ich mich analytisch der Aufarbeitung oder richtiger: einem Vorgang, der in Deutschland »Aufarbeitung« genannt wird. Darin weise ich nach, dass dieser Vorgang nicht die Kriterien von Aufarbeitung erfüllt, sondern die der Propaganda.

Das Buch »Die Kommission, Enquete in Brandenburg – ein Zeitalter wird besichtigt« hat mir ein Gericht aus der Hand geschlagen (ich hatte an einer Stelle die Quelle für ein Gutachten verwechselt). Darin beschrieb ich den Übergang des brandenburgischen Landtags von einer Versöhnungshaltung gegenüber der jüngsten Vergangenheit zum Stil der endlosen Abrechnung.

Quod esset demonstrandum

Im hier nun vorliegenden Buch behaupte ich: Es sind keineswegs nur Vorteile, welche die Ostdeutschen durch die Demokratisierung 1989 und die staatliche Vereinigung 1990 erfahren haben. In unserer so offenen und freimütigen deutschen Debatte mag – nach dreißig Jahren Wühlarbeit gegen das Ansehen der DDR – die Annahme, ihre Bürger könnten durch die Wende Verluste erlitten haben, als unvorstellbar, abartig und geradezu obszön gelten. Um ihre faktische Nachprüfung geht es mir in diesem Buch.

Die Beispiele dafür, die der Leserin und dem Leser begegnen, stammen größtenteils aus Brandenburg. Potsdam war seit 1986 der Ort meiner journalistischen Tätigkeit, ich habe dieses Bundesland gleichsam als politischer Beobachter von seiner Geburtssekunde an begleitet. Dies vorweg: Es war nicht wichtig, dass dieses Bundesland dreißig Jahre lang eine SPD-Regierung hatte, genauso wenig wie es wichtig war, dass der Freistaat Sachsen dreißig Jahre lang CDU-regiert war. Wenn es zwischen diesen beiden

Ländern Unterschiede gab, so hingen sie nicht mit diesen Parteiwimpeln zusammen.

Was bleibt von der DDR? Das negative Bild, das die »Aufarbeiter« beständig von ihr zeichnen? Die notorische Reduktion auf ihre problematischen Seiten? Oder ein Bild der Ausgewogenheit, zu dem ich meinen Beitrag leisten will? Was das betrifft, bin ich optimistisch; was die Zukunft in Deutschland betrifft, bin ich es nicht. Und die Vorkämpfer der Entwicklung, wie sie 1989 eingesetzt hat, sollten sich ihres Bildes in der Geschichte nicht so sicher sein, wie es die DDR letztlich wird sein können. Denn ob sie als strahlende Helden verehrt oder verflucht sein werden angesichts der Zustände, wie sie sich entwickeln, kann als durchaus offene Frage gelten.

Es blühte in der Vergangenheit
So manche schöne Erscheinung
Des Glaubens und der Gemütlichkeit –
Jetzt herrscht nur Zweifel, Verneinung ...

Heinrich Heine

Mehr vereinigt – weniger vereint

Dreißig Jahre nach dem Beitritt der DDR zum Geltungsbereich des westdeutschen Grundgesetzes bietet Ostdeutschland ein unklares, verworrenes, verstörendes, zum Teil beängstigendes Bild. Das Bild einer Gesellschaft, die nicht mit sich im Reinen ist. Aus einer demokratiebegeisterten Einwohnerschaft, wie es die Ostdeutschen 1990 waren, ist eine geworden, die immer stärker auf Abstand zu einer Demokratie geht, die vor drei Jahrzehnten erkämpft worden ist. In den traditionellen Parteien sind kaum noch politische Kandidaten auf lokaler Ebene aufzutreiben. Rassismus und Ausländerhass haben die Marktplätze wieder erreicht.

Immer weniger Menschen projizieren Hoffnungen in die traditionellen Parteien, das trifft auch für DIE LINKE zu. Wenn der Trend zum Nichtwählertum in den vergangenen Jahren partiell gestoppt und umgedreht werden konnte, so nicht, weil Ostdeutsche LINKE wählen, sondern die von rechts antretende AfD.

Wie konnte es dazu kommen, weshalb dieser Ausbruch im Osten und vor allem – wie kann das wieder korrigiert werden? Warum wählen so viele Unzufriedene und Enttäuschte nicht mehr links, sondern rechts? Für eine Partei wie die LINKE, deren historische Wurzeln in Ostdeutschland liegen, deren Selbstverständnis als Partei der »sozialen Gerechtigkeit« besteht, muss die Antwort auf die Frage zutiefst von Belang sein. Es ist für sie eine Frage der Existenz. Zu stellen hat sie sich auch die Sammlungsbewegung »Aufstehen«, die sich – unklar genug – ebenfalls als »links« versteht und präsentiert.

Dabei sind stabile Umfragewerte und ein partiell steigendes Ansehen der LINKEN in den alten Bundesländern anzuerkennen. Sie spielen aber nur bedingt in die ostdeutschen Gegebenheiten hinein. Es erscheint – vorerst jedenfalls – nicht das politische Projekt der LINKEN als solches gefährdet. Das gilt nicht mehr uneingeschränkt in ihrem Heimatland sozusagen, in den neuen Ländern.

Man kann es drehen und wenden, wie man will. Die PDS, später DIE LINKE, ist das Einzige, was von der DDR politisch übrig geblieben ist. Man mag es gut finden oder schlecht, man mag sich dazu gleichgültig verhalten oder nicht. So und nicht anders ist es. Ihre Herkunft aus der DDR macht sie besonders, auch nach so vielen Jahren.

Inwieweit berührt das eine Analyse der heutigen, bedrohlichen Gegebenheiten?

Ein beliebtes Mittel ist es, die besondere Lage im Osten mit den DDR-Gegebenheiten, mit »Diktaturerfahrung« und ähnlichem zu verbinden und zu begründen. Also quasi der DDR die Schuld daran zu geben, dass viele Menschen sich innerlich vom politischen System verabschiedet haben oder der Demokratie in ihrer herkömmlichen Form sogar ablehnend gegenüberstehen und sich in eine Feindschaft gegenüber Geflüchteten selbst flüchten.

Nur eines darf diesen Quellen zufolge der Grund nicht sein: Die zum Teil deprimierenden Erfahrungen mit der Demokratie, welche die Ostdeutschen in den vergangenen dreißig Jahren gesammelt haben. Damit leisten sie ihren Beitrag zur Verworrenheit der Lage und sind, um es klar zu sagen, auf dem Holzweg.

Denn sind es überhaupt Erfahrungen mit »Diktatur« oder »Demokratie«, die hier bestimmend sind? Oder ist den Menschen nicht viel wichtiger, materielle Lebensziele zu erreichen, eine Grundbestätigung des Gerechtigkeitssinns zu erleben, das Gefühl zu haben, gebraucht und anerkannt zu sein und mit ihren Erfahrungen ernst genommen zu werden?

Hier gilt es, in den »Diskurs« einzugreifen. Denn man kann durchaus davon ausgehen, dass die DDR-Erfahrungen in die gegenwärtige Situation hineinspielen – aber in einem ganz anderen Sinne, als die offizielle Politik oder die maßgeblichen Medien dies zugestehen möchten. Wer ehrlich Antworten darauf sucht, warum Ostdeutschland das beschriebene Bild bietet, der wird in diesem Buch fündig werden. Mit der Phrase von der angeblich ersehnten »Anerkennung der Lebensleistung« hat das übrigens nichts zu tun, da gibt es Wichtigeres.

Statt Lohnangleich gibt es den stabilen Lohnabstand (wenn man vom öffentlichen Dienst absieht). Statt wachsender Massenkaufkraft gibt es eine rückläufige. Statt Selbstbestimmung haben wir die wirtschaftliche Fremdbestimmung. Statt gestoppter Abwanderung und Perspektive in der Heimat die schrittweise Entleerung und damit einhergehende sinkende Lebensqualität. Statt ausgeglichener kommunaler Haushalte allein 2010 ein Defizit von 12 Milliarden. Statt verbesserter Umweltbedingungen einen Rückgang bei Tier- und Pflanzenvielfalt. Statt sich zu verringern, sind die deutschen West-Ost-Unterschiede größer als regionale Differenzen in jedem anderen Land Europas.

Die Wende liegt jetzt fast dreißig Jahre zurück, und es steht zu vermuten, dass die Litanei »Es war richtig, richtig, richtig« anlässlich des bevorstehenden Jubiläums immer lauter wird. Hier ist eine sachliche Analyse am Platze, in der die seit der Wende eingetretenen Verbesserungen für die Ostdeutschen nicht erneut breit dargelegt werden, dennoch ihren Platz haben müssen. Aber nichts auf dieser Welt hat nur eine Seite. Und diese Verbesserungen hatten ihren Preis, der von einem zu zahlen war, vom anderen weniger. Damit stand Ostdeutschland nicht allein, der polnische Bürgerrechtler und Historiker Jacek Kuroń sagte einmal, die Entwicklung nach Beseitigung des Sozialismus habe für die Hälfte der Polen eine Verschlechterung gebracht. Kuroń war bis Oktober 1993 Arbeitsminister in den Regierungen von Tadeusz Mazowiecki.

Was wäre der Maßstab einer solchen Analyse aber in Ostdeutschland, was müsste ihr Maßstab sein? Der Einigungsvertrag, wie er 1990 zwischen der DDR und der BRD geschlossen wurde, kann es nur bedingt sein. Denn in ihm werden keine gesellschaftspolitischen Ziele festgelegt beziehungsweise nur in allgemeinster Form. Es handelt sich um ein Regelwerk, das umfassend und detailliert bestimmte, zu welchen Bedingungen Ostdeutschland Teil der Bundesrepublik sein durfte. Wer also aus dem Begriff Einigungsvertrag ableitet, dass damit eine gütliche Einigung, ein Ausgleich bei Streitfragen, ein Interessenausgleich gemeint war, der irrt. In diesem umfangreichen Vertragswerk ist festgehalten, in welcher Form, nach welchen Regeln der Osten sich anzuschließen hatte. Das reale Kräfteverhältnis der Verhandlungspartner, die historische Situation, die keinen anderen Ausweg zuließ, verliehen ihm von Anfang an den Charakter eines Diktats. Zu untersuchen wäre aber, wie selbst wohlmeinende oder gut klingende Vertragsbestimmungen (Anerkennung der DDR-Berufsabschlüsse zum Beispiel) in der Praxis unterlaufen oder entwertet werden.

Also nicht allein, dass die westliche Übermacht des Kapitals, die Geldmacht, ohnehin schon eine enorme Nachteilslage des Ostdeutschen erzeugen und seine Hoffnung, »Herr im Haus« zu bleiben, stark relativieren musste – er war zudem mit der Inkraftsetzung dieses Vertrags über Nacht einer ihm unbekannten, fremden Gesetzlichkeit, einem Rechtssystem unterworfen, das im Osten in bedeutenden Teilen keine Tradition, keine organische Herkunft hatte und einfach übergestülpt wurde. In der nun einziehenden Welt, in der die Reichen, Verbeamteten, Juristen und die Wendigen das Spiel bestimmen, hatte er die schlechtesten Karten.

Vereinheitlicht hat sich das geltende Recht insofern, als sich die Ostdeutschen 1990 in ihrem Rechtssystem dem bundesdeutschen angleichen beziehungsweise unterwerfen mussten. Das daraus resultierende Problem ist alt: Gleiches Recht auf ungleiche Bedingungen angewendet, muss Unrecht erzeugen. Oder um die hier gültige Formel von Anatole France zu zitieren, der von der majestätischen Gleichheit des Gesetzes schrieb, das Reichen wie Armen verbiete, unter Brücken zu schlafen, auf den Straßen zu betteln und Brot zu stehlen.

Was nach Inkraftsetzung des Einigungsvertrages mit Notwendigkeit folgte, war eine Katastrophe für Millionen Ostdeutsche. Auf die wirtschaftliche Verwahrlosung folgte die moralische. Der Osten wurde zum Armenhaus Deutschlands, das bis heute alimentiert werden muss, das als Absatzmarkt und Arbeitskräftereservoir fungierte, hoch verschuldet ist und selbst nach der Konjunktur der vergangenen zehn Jahre wenig mehr als die Hälfte dessen erwirtschaftet, was er verbraucht. In den zehn Jahren vor der Wende wurden in Ostdeutschland mehr als eine Million Kinder mehr geboren als in den zehn Jahren danach. Der Familienzusammenhalt geriet stark unter Druck. Das und der Wegzug der Jugend versetzte der Sozialstruktur Ostdeutschlands Schläge, von denen sie sich bis heute nicht erholt hat. Der Nachteil des »Ossis« vererbt sich auf seine Kinder, sie haben erwiesenermaßen geringere Chancen im Berufsleben als Gleichaltrige aus den alten Ländern. Die ausgezahlte Durchschnittsrente liegt unterhalb der gültigen Armutsgrenze. Die bedeutenden Massenmedien reagieren auf all dies – wenn überhaupt – relativierend, abstrakt oder formelhaft. Zweifelhafte Umfragen, die suggestiv den Optimismus trimmen, tragen zur Verdrossenheit bei.

Begleitet wird das mit dem Erlebnis der Ostdeutschen, dass es keineswegs kleine Gruppen in der Gesellschaft gibt, für die das harte Brot nicht gebacken ist. Das Gefühl der Ungleichheit, der Ungerechtigkeit verfestigt sich und entlädt sich – fatal genug – im Hass auf Migranten.

Der beschriebenen Fehlbeurteilung gilt es, argumentativ entgegenzutreten. Das bedeutet, sich ausnahmsweise nicht die Frage zu stellen, was sich für den Ostdeutschen nach 1990 verbessert hat – natürlich gab es Verbesserungen –, sondern was sich für ihn messbar verschlechtert hat (beziehungsweise für viele im Osten). Wir beziehen dabei ein, dass Leid auch eine Sache der Seele sein kann.

Nur eines fürchte ich noch mehr
als die deutsche Niederlage,
und das ist der deutsche Sieg.

Thomas Mann

»Missionen«, »Einsätze« – aber kein Krieg

Mit dem Fall der Berliner Mauer 1989
endete die Nachkriegszeit und begann die Vorkriegszeit

Bei Staatsinsignien wie der Flagge und Emblem, auch mit der Nationalhymne ging die DDR sehr eigenwillige, weltweit beinahe einmalige Wege. Obwohl die Sowjets zunächst Bedenken hatten, setzte die SED-Führung die Kombination Schwarz-Rot-Gold bei den Landesfarben durch. Das bedeutete, beide deutsche Staaten schwenkten zunächst eine identische Fahne. Dieser merkwürdige Zustand wurde 1959 beendet, als das DDR-Emblem auf die ostdeutsche Fahne geriet, was sie von der BRD-Fahne unterscheidbar machte und was von dort bis 1990 nicht mehr wegzuwischen war.

Hammer, Zirkel, Ährenkranz – die friedlichen Insignien der Arbeit standen dreißig Jahre lang dem Raubtier der Lüfte entgegen, das sich als stilisierter Adler im bundesdeutschen Wappen spreizt. Herrscher in barbarischen

Epochen hatten solche Wappentiere gewählt. Das Adler-Zeichen diente schon Goten und Römern als Stärkungsmittel. Es galt, Feinde einzuschüchtern und sich selbst Mut zu machen. Und der Adler eignet sich dafür glänzend, er ernährt sich von Lebendigem. Sein Opfer muss noch zucken, wenn er schon frisst. Ist das wirklich ein treffendes Symbol für unser heutiges Land? Vielleicht ist es ja so schlecht nun auch wieder nicht.

Der DDR-Bürger lebte in einem Land, das Frieden hielt und dessen Politik Friedenspolitik war. Inzwischen ist er Bürger eines deutschen Staates, der Kriege führt. Seit vierzehn Jahren beispielsweise beteiligt sich Deutschland an dem törichten und aussichtslosen Krieg in Afghanistan. Es mag Menschen geben, denen das gleichgültig ist. Es gibt aber auch Menschen, für die ist das die Frage aller Fragen.

Mit Erfolg befolgte die DDR einen uralten römischen Staats- und Verteidigungsgrundsatz: Si vis pacem para bellum. Wenn du den Frieden willst, sei kriegsbereit. Die Waffen der Nationalen Volksarmee der DDR standen bereit und mussten glücklicherweise nicht eingesetzt werden. Nach dem politischen Sieg des Westens und dem Übergang der osteuropäischen Staaten auf den Boden der »westlichen Werte« wurden diese Waffen wenn nicht verschrottet, so in verschiedene Weltgegenden verkauft oder verschenkt. Sie dienten später dazu, dass sich Menschen gegenseitig umbrachten, das heißt, im Unterschied zur DDR-Zeit wurden diese Waffen am Ende dann auch wirklich eingesetzt. Es gibt in Ostdeutschland immer noch Kreise, für die ist eine solche Vorstellung grauenhaft.

Ein entscheidender Umstand darf nicht unerwähnt bleiben. Die friedliche Revolution in Ostdeutschland, die – sachlich betrachtet – eher eine Gegenrevolution, vielleicht auch Restauration oder ein Roll Back gewesen ist, blieb nur aus einem einzigen Grund friedlich: Weil diejenigen, die über die Waffen verfügten, diese nicht eingesetzt haben. Das ist um so höher zu bewerten, als sie keineswegs rosige Aussichten für die danach einsetzende Entwicklung hatten. Der Weg, den manche Angehörige dieser »Organe« nach 1989 in kürzester Frist zurücklegen mussten, war ein sehr weiter. Dass sich Deutschlands Aufarbeitungsindustrie diesem simplen Gedankengang völlig verschließt, beweist einmal mehr, dass sie an einer ausgewogenen Darstellung des Vorgangs kein Interesse hat.

Der Fall der Berliner Mauer markierte das Ende der längsten Friedensphase, die Europa in seiner Geschichte erlebt hatte. Wenige Monate danach ist der Krieg auf einen Kontinent zurückgekehrt, den er seit 1945 nicht mehr heimsuchen konnte. Die Grenze zwischen den beiden deutschen Staaten war zwar gefallen, aber das war die Ausnahmeerscheinung einer Entwicklung, wie sie 1989 einsetzte. Denn dieser Siegeszug der bürgerlichen Demokratie hat in erster Linie neue Grenzen geschaffen, Grenzen, die zuvor nicht bestanden. Zwischen den Tschechen und Slowaken, zwischen den Völkern des früheren Jugoslawiens – ganz zu schweigen von den Grenzen, die heute das Gebiet der einstigen Sowjetunion durchziehen. Jede Menge kriegerische Konflikte, Zehntausende Tote waren die Folge dieser neuen Grenzziehungen. 1990 endete für den Ostdeutschen die Nachkriegszeit. Es begann die neue Vorkriegszeit.

Als Mitglied der UNO hat die DDR jene Fraktion unterstützt, die auf Abrüstung und gerechte Weltwirtschaftsordnung drängte. Der heutige Ostdeutsche ist Bürger eines Staates, der drittgrößter Waffenexporteur der Welt ist und sich in weltweite kriegerische Abenteuer verwickeln lässt. Der Höhe- oder besser Tiefpunkt war der völkerrechtswidrige Angriffskrieg auf Jugoslawien, womit auch Deutschland einen fatalen Präzedenzfall geschaffen und dem weltweiten Streben nach Atomwaffen unglaublichen Schwung gegeben hatte. Alle Welt hatte erkennen müssen – nur Atomwaffen allein schützen noch vor einem Westen, der sich an das Völkerrecht nur noch dann gebunden fühlt, wenn dies seinen Aneignungs- und Machtinteressen nützt.

Gegen des Kaisers Soldaten – der Kosovo-Krieg

Als die Türken im 18. Jahrhundert von großen Teilen ihrer Balkan-Kolonien wieder vertrieben worden waren, siedelte der österreichische Kaiser das Volk der Serben an der damaligen Grenze zum Osmanischen Reich an. Er übertrug ihm damit die strategische Aufgabe, die erste Verteidigungsstaffel des Christentums gegen die moslemische Bedrohung zu bilden. Diese, dem orthodoxen Glauben anhängenden Serben litten weder unter Fürsten noch Grafen, sie waren freie Bauern und nannten sich stolz »des Kaisers Soldaten«. Mit ihrem Land war ein seither niemals wieder ernsthaft durchbrochener Wall des Abendlandes entstanden.

Serbien bildete nach dem Ersten Weltkrieg den Kern des neuen Vielvölker-Kunststaates Jugoslawien (Südslavien). Dessen Existenz wurde durch die Aggression Hitlerdeutschlands zeitweilig beendet, Deutschland zerschlug Jugoslawien und nutzte die Konkurrenz und die völkisch-religiöse Vielfalt in diesem Land aus, um es auf extrem grausame Weise zu beherrschen. Hitler bevorzugte die katholischen Kroaten, und seine Verfolgungs- und Vernichtungswut galt vor allem den orthodoxen Serben. Als besondere Opfergruppe waren sie im westdeutschen Nachkriegsbewusstsein praktisch nicht präsent.

Aus heutiger deutscher Perspektive weist Jugoslawien zwei Besonderheiten auf: Es war erstens das einzige Land auf dem Balkan, das sich 1944/45 selbst befreite und die direkte Hilfe der Alliierten dabei nicht nötig hatte. Und es demütigte zweitens einmal die Bundesrepublik Deutschland nachhaltig und vor den Augen der ganzen Welt. Denn 1968 waren die zuvor schwer beeinträchtigten Beziehungen zur DDR so weit repariert, dass Belgrad und Ostberlin die diplomatischen Beziehungen wieder installierten. Damit zwang Jugoslawien die Bundesrepublik zur Anwendung der sich selbst auferlegten Hallstein-Doktrin, die besagte, dass Bonn keine diplomatischen Beziehungen zu Staaten unterhalten könne, die ihrerseits solche Beziehungen zur DDR pflegten. Es erfolgte der Abbruch der Beziehungen zu Jugoslawien.

Fast scheint es, als seien hier noch ein paar Rechnungen offen geblieben. Natürlich ist die Rolle, die Deutschland bei der Zerstörung Jugoslawiens 1940 spielte, nicht mit der gleichzusetzen, die es 1992 und in den darauffolgenden Jahren bei der Zerstörung Jugoslawiens spielte. Aber beim zweiten Mal war es kaum weniger wirkungsvoll, und nachweisbar ist, dass Deutschland in beiden Fällen ausschließlich jene Kräfte unterstützte, die ihrerseits das Ende dieses Staates betrieben hatten. Und auf Krieg lief es am Ende in beiden Fällen hinaus. Durch eine mit den West-Verbündeten nicht abgestimmte und verantwortungslose Anerkennungs-Politik gegenüber jedem Kirchturm, der eine eigene Fahne hisste, hat Deutschland eine Rette-sich-wer-kann-Psychose in Jugoslawien wenn nicht ausgelöst so doch mindestens befördert. Diese Psychose trug mit dazu bei, dass Völker, die vierzig Jahre friedlich in einem Staat zusammenlebten, der der bewunderte Sprecher der Weltbewegung nichtpaktgebundener Staaten gewesen war, über Nacht einander an die Kehle sprangen. Dieser erste europäische Krieg nach dem Zweiten Weltkrieg forderte Hunderttausende Opfer. Die Rolle des deutschen Außenministers Hans-Dietrich Genscher (FDP) dabei, fügte seinem gerade in Ostdeutschland bis dato kaum verbesserbarem Bild großen Schaden zu.

1998 kam es zum Äußersten. Deutschland griff gemeinsam mit anderen Nato-Staaten Serbien an, dem es eine Unterdrückungs- und Vertreibungspolitik gegenüber den Albanern im Kosovo vorwarf. Ein Mandat des UN-Sicherheitsrates, der einzigen Institution auf der Welt, die dazu berechtigt wäre, gab es nicht. Die politische Auseinandersetzung um diese mörderische Politik, um Krieg und Leid im Kosovo, nahm auch im Land Brandenburg extrem an Schärfe zu. Der Landtag teilte sich in die Kriegsbefürworter SPD und CDU und die Gegner, die Abgeordnete der PDS waren. Die CDU warf der PDS daraufhin vor, Kriegsverbrechern Unterstützung zu gewähren. Je länger die Luftschläge anhielten, umso enger rückten SPD und CDU zusammen. Wenige Monate später bildeten sie ihre erste gemeinsame Landesregierung.

Eine einsame Stimme in der brandenburgischen SPD erhob sich wider die Fortsetzung des Krieges: Es war die des Ministerpräsidenten Manfred Stolpe (SPD). Er mahnte die Akteure, »alles zu versuchen, damit das militärische Agieren durch politisches Handeln abgelöst wird«, nachdem die Auswirkungen »des unglücklichen Krieges unsere Haustür erreicht haben«.

Aus der brandenburgischen CDU heraus wurde sogar die Entsendung von Bodentruppen gefordert, was die »Glaubwürdigkeit der Nato« verlangen würde. Die Nato könne nur gewinnen, »wenn sie die Luftangriffe über einen längeren Zeitraum fortsetzt«. Die Junge Union warf der damaligen PDS vor, »sich zum Komplizen der serbischen Vertreibungspolitik zu machen«.

Als kompromissloser Gegner des Nato-Bombardements gab sich Peter-Michael Diestel zu erkennen, der letzte Innenminister der DDR und erste CDU-Fraktionschef im Potsdamer Landtag. Diestel damals sarkastisch: »Na das ist doch wunderbar, dass endlich Deutsche wieder bomben dürfen. Ich finde es Klasse, dass Diederich Heßling, der Anti-Held aus dem ›Untertan‹ von Heinrich Mann, endlich wieder marschieren darf. Aber jetzt im Ernst: Ich lehne diesen Krieg ganz entschieden ab. Es macht mich traurig erleben zu müssen, dass Tag für Tag Bomben und Raketen abgeladen werden. Und ich kann nicht gutheißen, wie hier am dritten Weltkrieg gezündelt wird, genausowenig wie ich die Vertreibungspolitik der serbischen Führung billige. Aber diese Angriffe aus sicherer Distanz ändern nichts – abgesehen davon, dass sie alles verschlimmern.« Vor allem kritisierte der CDU-Politiker die »Gleichschaltung der deutschen Medien«. »Man stelle sich vor: Da wird ein Fernsehsender bombardiert, zwanzig Journalisten und Mitarbeiter sterben, und es gibt keinen Aufschrei unter den deutschen Kollegen.« Auf die Frage, ob er dieser Haltung wegen Ärger in der eigenen Partei habe, sagte Diestel: »Das frage ich mich nicht. Ich bin Christ und ich bin Christdemokrat. Und ich äußere mich als eine Privatperson, die dabei bleibt, dass der Krieg das falsche Mittel ist.«

Einzig die PDS des Bundeslandes hatte sich als Partei entschieden gegen die Fortsetzung des Krieges durch die Nato gewandt. In einen Brief an Manfred Stolpe erinnerte Bundes- und Fraktionschef Lothar Bisky an den 2-plus-4-Vertrag, in dem sich Deutschland verpflichtet hatte, »keine seiner Waffen jemals einzusetzen, es sei denn in Übereinstimmung mit seiner Verfassung und der Charta der Vereinten Nationen«. Die rot-grüne Bundesregierung begründe den Kriegseinsatz mit moralischen Erwägungen, so Bisky. Doch habe sich die Lage der Kosovo-Albaner durch den Krieg nur verschlechtert. »Abgesehen davon rechtfertigen solche Erwägungen in keinem Fall die Verletzung von Recht und Gesetz.«

Der zweite Krieg

Die Wahrnehmung ist richtig, dass Deutschland in den Jahren danach – alles in allem – eher zur Zurückhaltung neigte und nicht unbedingt als Scharfmacher auftrat. Doch können sich seine angriffslustigen Verbündeten am Ende immer auch auf die Hilfe Deutschlands verlassen.

Dass die Frage Krieg oder Frieden keineswegs nur eine des politischen Oberstübchens ist, wurde den Brandenburgern klar, als im Februar 2003 im Schatten des Irak-Kriegs der »Koalition der Willigen« die CDU-Landtagsfraktion einen Brief an den Präsidenten der USA George W. Bush sandte. Darin wurde die SPD beschuldigt, »unser Land in viereinhalb Jahren wirtschaftlich ruiniert« zu haben. Und die Sozialdemokraten wurden bezeichnet als Leute, die unter dem »Deckmantel der Erhaltung des Friedens letztendlich ihre antiamerikanischen Grundeinstellungen ausleben«.

Den Brief, in dem sich die CDU-Mitglieder »beschämt« darüber geben, »wie sich die Bundesregierung im Irak-Konflikt im UN-Sicherheitsrat, aber auch in der Nato verhält«, hat CDU-Fraktionschefin Beate Blechinger nicht unterzeichnet und mit ihr drei weitere Abgeordnete.

Die Kriege des Westens haben Tradition

Die DDR gehörte der Militärkoalition Warschauer Vertrag an, die sich keinerlei Aggression zuschulden kommen ließ. Auch der Einmarsch in die ČSSR 1968 – so bedrückend er tatsächlich war – konnte glücklicherweise unterhalb der Schwelle zu einem Krieg gehalten werden. Der Philosoph Ernst Bloch schrieb seinerzeit dem zeternden Westen ins Stammbuch: »Wer die Massenverbrechen der USA in Vietnam billigt, der sollte sich über die Aktionen der Sowjetunion in Prag nicht beschweren.« Auch wenn – als könnte so die Verbrechens- und Aggressionsgeschichte der Westens erklärt oder gar gerechtfertigt werden (gleichsam als Rettung des Rufes der westlichen Welt) – an dieser Stelle immer wieder reflexartig auf den Afghanistan-Einmarsch der Sowjetunion verwiesen wird, so bleibt es eben doch ein wichtiger Unterschied, dass es eine Regierung in Kabul war, welche die UdSSR zu Hilfe rief. Mit dem verbrecherischen Stil der USA, in andere Länder einzufallen, um dann dort ihre Marionetten zu installieren, ist das nicht gleichzusetzen.

Schon in den sechziger Jahren hatte eine Koalition der westlichen Willigen den Krieg der USA in Vietnam unterstützt. Über 3,5 Millionen Menschen sind dabei auf schreckliche Weise umgekommen. Rund eine halbe Million Kinder verloren ihr Leben. Eine politische und sachliche Unterstützung dieses Krieges leistete sich auch die Bundesrepublik Deutschland. Weil sie es ohne den geringsten Einwand zuließ, dass die USA einen bedeutenden Teil dieses Krieges über ihre Basen auf deutschem Boden abwickelte, war Westdeutschland nach UN-Definition gleichfalls Aggressorstaat.

(Denn Aggressor ist zum einen, wer mit Waffengewalt andere Staaten überfällt. Zum anderen ist auch derjenige Staat ein Aggressor, der dies zwar selbst nicht tut, aber anderen Staaten von seinem Territorium aus die Aggression gestattet.)

Bezogen auf die Friedensproblematik wurde es nach 1990 noch schlimmer. Nach dem Verschwinden des Warschauer Vertrages fehlte jener Zügel, die den Westen am Äußersten hinderte. Und nicht nur das: Staaten, die sich in ihrer sozialistischen Phase keinerlei Aggressionen zuschulden kommen ließen, wie Polen und Tschechien, haben den verbrecherischen Überfall auf den Irak nicht nur politisch, sondern auch militärisch unterstützt. Polen und Rumänien sind zudem überführte Folterstaaten, die den USA auf ihrem Territorium grausame Verhörmethoden gestatteten – solche, die in den Vereinigten Staaten selbst verboten sind.

Die ganze Fragilität, die sich in den internationalen Beziehungen unter anderem auch daraus ergeben hat, bedeutet nicht zuletzt für den Ostdeutschen eine wesentliche Verschlechterung. Und auch er wird mit hineingezogen sein, wenn die Staaten des Westens in genau der Hölle landen, die sie zuvor für andere Menschen eingerichtet haben.

Es gab eine Zeit, als SPD-Vorsitzende nicht mit Ätschi-Bätschi-Gestammel auf sich aufmerksam machten, sondern mit weisen Gedanken. »Frieden ist nicht alles, aber ohne Frieden ist alles nichts«, sagte einmal Willy Brandt.

Von der fast fünfzigjährigen europäischen Friedensphase nach dem Zweiten Weltkrieg war schon die Rede. Dieser Friedenserhalt beruhte auf beiderseitiger Abschreckung, man mache sich nichts vor. Er entstand gewissermaßen in negativer Auslese. Der potenzielle Angreifer wusste: Mord wäre hier Selbstmord gewesen. Aber anders war der Frieden nun einmal nicht zu haben, und einen anderen Charakter konnte er nicht tragen. Mit der staatlichen Spaltung, mit der Speerspitzenfunktion in einander feindlichen Bündnissystemen und mit der Berliner Mauer zahlten die Deutschen, vor allem die Ostdeutschen, einen hohen Preis für den europäischen Frieden. Aber wenigstens hatte er Bestand, das heißt, das Opfer war nicht völlig umsonst. Der Preis war hoch, aber die Ware wurde sozusagen geliefert. Die Berliner Mauer war ein steingewordenes Symbol für den europäischen Frieden. Ihr Fall markiert den Beginn einer neuen, einer immer bedrohlicheren Phase. Nun hat der Ostdeutsche mit der deutschen und der europäischen Einheit die wachsende äußere Unsicherheit bekommen. Dass er diesen Tausch nicht noch einmal bitter bereuen wird, ist eine Hoffnung. Mehr nicht.

Die staatliche Einheit Deutschlands stand 1990 so selbstverständlich, so fraglos, so ohne Diskussion auf der Tagesordnung, dass sie kaum einer kritischen oder abwägenden Betrachtung unterlag. (Eine der wenigen Ausnahmen war der Schriftsteller und Nobelpreisträger

Günter Grass.) Diese Einheit war ein Traumziel des 19. Jahrhunderts, sie wurde schließlich mit Blut und Eisen geschmiedet, sie bestand zwischen 1871 und 1945. Aber was ereignete sich in diesen Jahrzehnten der Einheit, beziehungsweise können die Erfahrungen, welche die Nation, Europa und die Welt mit diesem geeinten Deutschland danach gesammelt haben, eigentlich noch schrecklicher sein? Zwei von Deutschland ausgegangene und verlorene Weltkriege, 50 Millionen Tote, sechs Millionen ermordete Juden, Verlust eines Drittels des Staatsterritoriums, zweimalige restlose Vernichtung der Währung … – am Ende eine Situation, in der »deutsch« keine Bezeichnung für eine Nationalität mehr war, sondern ein Steckbrief. Was immer für die deutsche Einheit sprechen mag – die historische Erfahrung gehört mit Sicherheit nicht dazu.

Die Einigung des Kontinents mag wichtig sein, seine Stabilität ist wichtiger. Und wie wir derzeit erleben, ist die schwindende Stabilität Europas der Preis für seine Einigung gewesen. Für den Ostdeutschen ist das so bedrohlich wie für jeden anderen Europäer.

Denn es muss uns doch gelingen,
dass die Sonne schön wie nie über Deutschland scheint.

Johannes R. Becher, DDR-Nationalhymne

Ein altes Lied, ein schlechteres Lied

Der Tausch bei der Nationalhymne war für den Ostdeutschen kein guter

Deutsche Gedanken machte sich Heinrich Böll in den fünfziger Jahren auf einer damals hinterwäldlerischen Insel in einer einsamen irischen Nacht. Es gab seinerzeit noch kein TV und kein Surfen am Computer – Böll hantiert an seinem Kurzwellenradio herum. Er bekommt Fetzen mit von den verschiedenen Nationalhymnen, die um Mitternacht gesendet werden. Und er stößt auch auf die (west-)deutsche Nationalhymne, das heißt auf das Deutschlandlied. Sein generöser Kommentar: »Maas und Memel, Etsch und Belt sind immer noch die Grenzen Deutschlands. (Das wird nicht gesagt und nicht gesungen, aber der unschuldigen Melodie sind diese Worte eingeprägt wie einer Drehorgelwalze.)«

Man sieht sie förmlich vor sich, die westdeutschen Mitbürger, wie sie dies entrüstet ganz weit von sich weisen. Schließlich habe sich seither so viel geändert. Dabei hat noch zehn Jahre, nachdem Heinrich Böll diese Worte schrieb, Bundeskanzler Erhard ganz entschieden bekräftigt, dass Deutschland Anspruch auf die Ostgebiete in Polen erhebt. Geändert hat sich in der Tat seither eine Menge. Von »Auslandseinsätzen« und »Missionen«, die keinesfalls Kriege genannt werden durften, wusste Böll ebenfalls noch nichts.

Die DDR hielt für ihre Bürger eine wunderbare Nationalhymne bereit. Das Johannes-Robert-Becher-Lied »Auferstanden aus Ruinen« ist allem überlegen, was an dieser Stelle in Deutschland jemals angeboten worden ist. Seit 1968 musste man sich den Text hinzudenken. Der Text mit der Zeile »Deutschland, einig Vaterland« passte nicht mehr ins politische Bild. Das war befremdlich genug.

Der GAU allerdings setzte 1990 ein. Seither hatte auch der Ostdeutsche als Nationalhymne ein Lied zu ertragen, das als Begleitmusik zur Aggressionspolitik des Deutschen Reiches und zur Ermordung von sechs Millionen Juden erklang. Will jemand behaupten, dass es sich für den Ostdeutschen um eine Verbesserung handelt? Sachlich betrachtet war es eine Katastrophe. Ja, die Nazis hielten das Deutschland-Lied in Ehren, ein Lied, das schon Kurt Tucholsky als »Kinderlied«, »großmäulig« und »wirklich schlechtes Gedicht« bewertet hatte. Vor diesem Hintergrund gab die DDR nach dem Krieg »ein neues Lied, ein besseres Lied« (Heinrich Heine) bei ihrem Kultusminister Johannes Robert Becher in Auftrag. Die Melodie komponiert von Hanns Eisler, das heißt von einem Juden.

Das Alter macht nicht weise, sondern alt.

Volksweisheit

Entleert, überfüllt, gespalten und prüde

Halbierte Generation

Als 2017 ein brandenburgischer Minister vor dem Wirtschaftsforum des Bundeslandes auftrat, warf er einen Blick in die Zukunft. Derzeit seien 20 Prozent der Brandenburger im Rentenalter, sagte er. Im Jahr 2040 würden es 40 Prozent sein. Der Minister setzte hinzu, die künftigen Kämmerer in den Städten, Gemeinden und Kreisen täten ihm jetzt schon leid.

Mal abgesehen davon, dass er nicht sagte, die Durchschnittsrentner Brandenburgs mit 830 Euro täten ihm leid, nein, er erwähnte – aber wiederum auch mit Grund – die Kämmerer. Also Menschen, welche die lokalen oder regionalen Finanzen verwalten. Denn der weitaus größte Teil der Rentner im Osten stellen für die öffentliche Hand angesichts der Minimalität ihrer Renten keine Finanzquelle dar. Ihre Einkünfte sind so gering, dass sie als solche ausscheiden. Das muss Kämmerer natürlich interessieren. Und auch für die vor diesem Minister sitzenden Unternehmer war diese Information bedeutend. Menschen, die auf Sozialhilfeniveau leben, scheiden auch als Kunden für Handwerk und Mittelstand faktisch aus.

Durch die Wende erhielt die Sozialstruktur Ost-deutschlands Schläge, von denen sie sich bis heute nicht erholt hat und auch in absehbarer Zeit nicht erholen wird. Rund 2,3 Millionen Menschen haben seit 1990 die neuen Länder auf der Suche nach Arbeit verlassen und sich in den alten Ländern niedergelassen. Statt 16,8 Millionen leben heute noch 14,6 Millionen Menschen in den neuen Ländern. Zum Vergleich: Zwischen 1949 und 1961 (dem Jahr des Mauerbaus) hat Ostdeutschland ebenfalls über 2 Millionen Menschen verloren. Wie müsste man das zusammenfassen: Der Sozialismus hat diese Menschen nicht im Osten halten können. Der sich als Marktwirt-schaft ausgebende Kapitalismus hat dies aber auch nicht geschafft.

Mit diesem Exodus seit 1990 hängt unter anderem zusammen, dass in den zehn Jahren nach der Wende in Ostdeutschland rund 1 Million Kinder weniger geboren wurden als in den zehn Jahren davor. Während es zu DDR-Zeiten den »Baby-Boom« gab, gab es danach den Gebärstreik. Ohne Kinder aber keine Zukunft. Ohne Kinder macht der Letzte irgendwann das Licht aus. Auf dem Nachwende-Tiefpunkt kamen wenig mehr als 12 000 Kinder in Brandenburg zur Welt. Inzwischen sind es wieder rund 18 000 pro Jahr. Doch ist auch das noch kein Vergleich mit den letzten DDR-Jahren, in denen um die 35 000 Kinder auf dem Territorium des heutigen Branden-burgs geboren wurden.

Worauf sich vorzubereiten wäre, nennt man das »de-mografische Echo«. Es setzt ein, wenn weniger Frauen in der nächsten Generation wiederum weniger Kinder bekommen. Das Land stehe »vor dem nächsten demo-grafischen Loch« kündigte Brandenburgs Arbeits- und

Sozialminister im Jahre 2012 an. Die Halbierung der Geburtenzahlen nach 1990 betreffe jetzt die Generation, die ins Berufsleben einsteige. Um das Blatt zu wenden, müssten diese jungen Frauen überdurchschnittlich viele Kinder haben. Doch »diese Kinder werden nicht kommen«, sagte der Minister.

In Brandenburg zeichnete sich nach zwölfjährigem Absinken der Geburtenrate seit 2002 etwas ab, was Optimisten eine Trendwende nennen: Es kamen auch in diesem Bundesland wieder mehr Kinder zur Welt. Allerdings sind das immer noch viel zu wenige, um eine demografische Trendwende einzuleiten. Auch wenn die Prognosen der Landesregierung durch die Wirklichkeit leicht übertroffen worden sind: An dem vom Minister vor den Unternehmern prognostizierten Umstand, dass in fünfundzwanzig Jahren 40 Prozent der Brandenburger im Rentenalter sind, ändert das nichts. Mathematisch betrachtet müsste heute jede gebärfähige Frau im Osten zwischen fünf und sieben Kinder bekommen, um die vor dreißig Jahren eingeleitete Entwicklung auch nur aufzuhalten.

Angesichts der Tatsache, dass vor allem junge Menschen, und hier in erster Linie junge Frauen, die ostdeutschen Homelands verließen, sprachen Bevölkerungsforscher von einer »halbierten Generation«. Vor allem die ländlichen Räume Ostdeutschlands »weisen ein großes Defizit an jungen Frauen auf«, hieß es in einer Studie des Bundesinstituts für Bevölkerungsforschung (Wiesbaden). Dieses Fehlen von Frauen sei selbst »auf europäischer Ebene beispiellos«. »Not am Mann« überschrieb denn auch das Berlin-Institut für Bevölkerung und Entwicklung eine Untersuchung, die vor einigen Jahren erstmals auf die Probleme und Nachteile vor allem gering qualifizierter junger Männer auf dem ländlichen Heiratsmarkt aufmerksam machte.

Im Zuge der zerstörerischen Wirkungen nach 1990 geriet auch die Familie unter Druck.

Inzwischen ist die Wanderungsbewegung von Ost nach West ergänzt worden mit der zwischen Land und Stadt. Denn die Zurückgebliebenen ziehen von einem bestimmten Alter an die Stadt, auch die Kleinstadt, der dörflichen Idylle vor. Allzu neu ist das Phänomen nicht mehr, schon in den neunziger Jahren wurden die Brandenburger von ihrer Landesregierung davor gewarnt, in die sich entleerenden Territorien zu ziehen. Mit Abstrichen bei der Versorgung in vielerlei Hinsicht müssten sie dann rechnen.

Was es für Ortschaften bedeutet, die eine schrumpfende und älter werdende Bevölkerung haben, liegt auf der Hand. Sie finden nicht so leicht Fachkräfte für den Arbeitsmarkt. Das hat negative Folgen für die Sozialsysteme und öffentlichen Kassen. Auch die Infrastruktur und das politische Umfeld werden beeinträchtigt – rechtsextreme Umtriebe sind in solchen Regionen nachweisbar ausgeprägter.

Rund 1 Million Westdeutsche kamen – im Gegenzug – aus den alten Ländern nach Ostdeutschland. Sie besiedelten natürlich nicht die sich entleerenden ostdeutschen Notstandsgebiete, sondern Zentren wie Berlin, Potsdam, Dresden oder Leipzig, sie stellen bis heute das Gros der Ministerialbürokratie, der Justiz-, Wissenschafts- und Wirtschaftselite, womit sich eine Diaspora im doppelten Sinne ergab. Die Ostdeutschen lebten alsbald unter einer Oberschicht, die einem fremden Kulturbereich entstammte. Und diese Oberschicht bildete in den teuersten

Vierteln der von ihnen aufgesuchten Städte ihre Kolonien, womit sich auch eine Trennung von der sie umgebenden, oft abgehängten einheimischen Mehrheit ergab. Von einer Gesellschaft der räumlichen und sozialen Durchmischung, wie die DDR sie verkörperte, ist Ostdeutschland zu einer Gesellschaft der sozialen und räumlichen Spaltung geworden. Die brandenburgische Ministerialbürokratie hatte 1997 rund 4500 höhere und hohe Mitarbeiter – ganze 700 von ihnen mit ostdeutscher Herkunft. Ihr Anteil ist seither noch geringer geworden.

Wenn in westlichen Gefilden die Vorstellung wuchert, die vierzigjährige Herrschaft der DDR-Marxisten habe zu einer »Entbürgerlichung« und »Proletarisierung« der DDR-Bürger geführt, so natürlich auch hier unter Absehung von der geschichtlichen Realität. Denn ein ungeheures Qualifizierungs- und Weiterbildungsprogramm hat das ingenieurtechnische und wissenschaftliche Potenzial dieses Landes bedeutend gestärkt. Vielmehr ist auch an dieser Stelle das Gegenteil von dem wahr, was Westdeutsche glauben, denn erst durch das massenhafte Verdrängen der Ostdeutschen aus den intellektuellen, aus den Macht- und Entscheidungspositionen in den neuen Ländern nach 1990 wurde die ostdeutsche Gesellschaft proletarisiert und prekarisiert. Mit dem Effekt, dass auch die nachwachsende Generation messbar schlechtere Karriereaussichten hat.

Keine Regel ohne Ausnahme. Und die bildet Potsdam, die Perle am Havelstrand. Nicht, dass es nicht der Ort der sozialen Spaltung wäre – nirgends lässt sich die Entmischung eindrucksvoller besichtigen als in Potsdam. Aber doch hat es den Anschein, als liege diese Stadt auf einem anderen Stern und keinesfalls in Ostdeutschland. Starker Bevölkerungszuwachs, Gewerbesteuer-Explosion, einen ausgeglichener Haushalt, viele junge Frauen, Kindersegen. Man steht in den Zeilen vorbildlich, ja akribisch rekonstruierter barocker oder klassizistischer Häuser, die darüber hinaus bis zur Dachluke vermietet sind. Und man fragt sich: Was hat diese schillernde Stadt mit dem verschuldeten und notorisch schwächelnden Brandenburg zu tun, dessen Hauptstadt sie zu allem Überfluss auch noch sein soll? Während das Land in vielen Regionen auf ein vorindustrielles Stadium zurückgeworfen wurde, ist Potsdam längst wieder geworden, was es einmal war: die preußisch-deutsche Puppenstube. Die Beamten- und Militärstadt, wo Preußens Glanz seinem Gloria die rechte Fassung gab. Die Mauer fiel, und alle, alle kamen. Jauch und Joop, Friede Springer, Spitzenbeamte, Generale. Sie alle lieben Potsdam. Und es spricht vieles dafür, dass das erst das Vorkommando ist. Gegenüber der *Süddeutschen Zeitung* sagte der frühere Ministerpräsident Matthias Platzeck (SPD) einmal, überall werde er auf Potsdamer Wassergrundstücke angesprochen. Im Bewusstsein seiner Herausgehobenheit genießt Potsdam sich selbst. Die verwöhnte Perle an der Havel erinnert an den Brechtschen Fisch Fasch mit seinem schneeweißen Asch. Wenn's gar zu langweilig wird, dann wird immer mal der »Geist des Ortes« beschworen. Das endet dann regelmäßig in einem Trauerspiel und lässt den Betrachter ahnen, warum ein alter Potsdamer, König Friedrich II., es vorzog, nach seinem Ableben bei seinen Hunden zu liegen.

Einen berühmten Musketenschuss von der Stadtgrenze entfernt liegt ein anderes Land. Aber das hat schon weiland Ministerpräsident Manfred Stolpe erfahren: Als er

Mitte der neunziger Jahre mal in Cottbus zum Karneval auftrat, rief es von einem großen Plakat: »Herr Stolpe, Potsdam ist nicht Brandenburg.«

Nach 1990 wurde Ostdeutschland, was er zuvor nicht war: eine Nischengesellschaft

Zu den merkwürdigsten Erlebnissen, die der Mensch mit den Texten der deutschen Heldensagen hat, gehört ihre dreiste Missachtung historischer Gegebenheiten. Man würde ja hinnehmen, wenn der erzählte Stoff geschichtliche Tatsachen verzerrt, verdreht oder persifliert, aber nicht selten ist das hundertprozentige Gegenteil dessen wahr, was die Sage über Nibelungen, Hunnen oder Goten so anbietet. Das selbstgefällige Abwinken des heutigen Zeitgenossen wäre übrigens fehl am Platze. Dergleichen Züge sind auch in der jüngsten Vergangenheit aufzufinden, denn als beispielsweise die US-Amerikaner ihre Niederlage im Vietnamkrieg zu verkraften hatten, mussten sie einen »Rambo« erfinden, der diese Demütigung vor den Augen der Volksphantasie filmisch noch in einen Sieg zu verwandeln hatte. Ein weiteres schillerndes Beispiel: Anfang der sechziger Jahre wurde die vielleicht größte Katastrophe der Geheimdienstgeschichte offenbar. Kim Philby, der Verbindungsmann zwischen dem britischen Secret Service und der CIA (er stand kurz davor, Chef des britischen Geheimdienstes zu werden), entpuppte sich als KGB-Spion. Tiefer konnte diese Apparatur nicht stürzen. Umgehend tröstete sich der Westen mit der omnipotenten Kunstfigur James Bond über die vertrackte Wirklichkeit hinweg.

Die Sage und die heutige Selbstimagination teilen etwas, was auch die neodeutsche »Aufarbeitung« charakterisiert: Es handelt sich um interessengelenkte Geschichtsbetrachtung. Sie erzeugt das Bedürfnis, der Erinnerung nicht etwa freien Lauf zu lassen, sondern sie zu gestalten. Und nichts ist dem so stark ausgesetzt wie die DDR. Zu den in diesem Zusammenhang irreführendsten Behauptungen über sie gehört die von dem sozialistischen Staat als »Nischengesellschaft«. Das gilt um so mehr, als Ostdeutschland nach der politischen Wende genau das geworden ist, was es eben vorher nicht war, eine von Nischen durchsetzte Gesellschaft.

Wenn Publizisten behaupten, der langjährige Bundestagspräsident Wolfgang Thierse habe sich in die Nische »Akademie der Wissenschaften« zurückgezogen, dann ist das genauso lachhaft wie die Vorstellung, Angela Merkel habe in ihrer »Nische« Akademieinstitut überlebt. Denn die Akademie der Wissenschaften war keine Nische, kein von der SED unabhängiger Freiraum, sondern das Gegenteil davon. Nichts ist dort gegen den SED-Willen abgelaufen, die Ereignisse dort standen im Zentrum der politisch-ideologischen Aufmerksamkeit. Und inwiefern befand sich der gewöhnliche DDR-Bürger mit seiner Zugehörigkeit zu gewaltigen Wirtschafts- und Organisationsgebilden in »Nischen«? Er arbeitete in Kollektiven und nicht in Nischen. Damals fand das Fach- und Hochschulstudium im Gefüge von stabilen Seminargruppen statt, die prinzipiell zusammengehörten wie Schulklassen. Auch hier das Gegenteil von Nische.

Die Vereinzelung der Ostdeutschen, der massenhafte Rückzug in Nischen, begann 1990 mit der Zerschlagung der Industrie- und Agrarstrukturen der DDR sowie dem ihrer politischen und gesellschaftlichen Organisationen. Das anspruchsvolle Zusammenspiel hochorganisierter Mechanismen auch in der fernsten Provinz wich der Vereinzelung, der Atomisierung. Jeder musste jetzt allein nach seiner Haut sehen, irgendwie eine private Lösung finden.

Noch nie ist im Osten der Familienzusammenhang so unter Druck geraten wie in den Jahren nach 1990. Riesige Regionen wurden in das Mittelalter zurückgeworfen, in die atavistischen Nischen eines vorindustriellen Stadiums, wo Handwerk, Verwaltung, vielleicht noch Fremdenverkehr das Spiel bestimmen. Wo man nur noch fliehen konnte. Vor allem Frauen wurden millionenfach in die Nische des Haushalts zurückgedrängt. Die Kameradschaft und Solidarität der Seminargruppen an den Hochschuleinrichtungen der DDR wich dem Konkurrenzgehabe vereinzelten Strebertums im einsamen Studierstübchen. Die Nische war zur Lebensform geworden.

Natürlich galt das nicht immer und überall, es bewahren und verteidigen Menschen in solchen Umbrüchen Reste ihrer Lebensgewohnheiten, so gut es eben geht. Immer gibt es auch jene, die sich einem solchen Schicksal entgegenstemmen. Kulturelle DDR-Zusammenhänge blieben mitunter in informellen Gruppen erhalten, sie überdauern und werden vielleicht sogar in abgewandelter Form auf ihre Kinder übertragen. Hier dienen die »Nischen« Feuerwehr, Verein, Freundeskreis dazu, für den Einzelnen einen Sinn zu stiften, den das Leben sonst nicht mehr bietet. Auch müsste man ohnehin (das traf auch auf die DDR zu) individualistische Bestrebungen des Intellektuellen als gleichsam natürlich akzeptieren. Es gibt auch so etwas wie den Willen zur Nische.

Einen machtvollen Schlag, den vielleicht machtvollsten hin zur Vereinzelung einfacher Menschen, führte eine Entwicklung, die im eigentlichen Sinne niemand anordnete, die sich aber im Zuge der unternehmerischen Freiheit mit der Zwangsläufigkeit eines Naturgesetzes entfaltete: die Vernichtung der ostdeutschen Arbeiterkneipe. Sie ist in ostdeutschen Großstädten faktisch verschwunden. Menschen aber, die sich nach der Schicht oder nach dem Sport in einer Kneipe treffen, leben niemals in Nischen, sondern in einem Sozialgefüge, das ihnen Austausch, Information, Selbstvergewisserung, Lebensgefühl, Streit, Versöhnung ermöglicht.

Wenn der Dramatiker Heiner Müller von der DDR-Arbeiterkneipe schrieb: »Es gehörte zur Politik der DDR, diese Milieus auszurotten ... Und damit wurde auch das proletarische Milieu liquidiert«, dann aber bitte mit dem Hinweis, dass es diese Kneipen bis zum DDR-Ende überall und massenhaft gegeben hat. Was war die Grundlage: Das in der DDR-Kneipe gezapfte Bier kostete entweder unwesentlich oder gar nicht mehr als das in der Kaufhalle. Die DDR wollte sich – bei allen Vorbehalten – diese Struktur vermittels eines gigantischen Subventionsvorgangs leisten. Diese Subvention gibt es nicht mehr, Niedrigverdiener sind heute, was sie vorher nicht waren: faktisch ausgeschlossen vom Kneipenbesuch. Ihnen bleibt, daheim einsam auf dem verschlissenen Sofa vor dem Fernsehprogramm zu verdämmern, das ihnen in seiner wohldosierten Erbärmlichkeit den Rest gibt.

Die Wende in Ostdeutschland hat in einem Maße zu Entsolidarisierung und Vereinzelung der Menschen geführt, von der die Jubler auf der Mauerkrone 1989 keine Ahnung haben konnten. Jeder kennt sie, diese Bilder.

Unzählige Dokumentationen und Filme enden mit diesem
Tanz auf der Mauer mit Böllerkrachern und Sektfontänen.
Was aber zeigen diese Bilder? Sie zeigen Menschen, die
sehr hohe Erwartungen an ihre Zukunft haben. Nicht im
Geringsten zeigen diese Bilder, was aus diesen Erwartungen geworden ist, ob sie sich verwirklicht haben oder ob
der frenetische Jubel nicht vielleicht einer Enttäuschung
gewichen ist. Was heute für viele Menschen handlungs-
bestimmend ist, das ist die Angst. Die Angst vor dem
eigenen Versagen, die Angst vor Kollegen, die Angst vor
der Umwelt. Es ist die Angst vor der Arbeit und der Arbeitslosigkeit zugleich. Es ist die Angst vor der Jugend, die
Angst vor dem Alter. Es gibt die Angst vor dem Rechtssystem, die Angst vor dem Briefkasten und die Frage,
wie viel Feindlichkeit er heute wieder enthält. Es ist die
Angst, zu viel von sich preiszugeben oder auch zu wenig.
Es ist die Angst vor den Fallstricken der heutigen Welt,
in der ein falsches Wort, eine unbedachte Unterschrift,
ein gedankenloser Klick am Computer die nachteiligsten
Folgen haben können.

Prüderie

Was sagt das Verhältnis des Menschen zum eigenen Kör-
per über die Gesellschaft aus, in der er lebt? Was die Bibel
darüber sagt, wissen wir: Als der Sündenfall vollbracht
ward, erkannten Adam und Eva, »dass sie nackt waren«.
Und sie verhüllten sich.

Die DDR war weltweit führend in der »Freikörper-
kultur«, ihre Bürger entwickelten hier ein paradiesisches
Unschuldsverhalten.

Etwa fünfundzwanzig Jahre nach der Wende war es so weit. Umfragen ergaben, dass die Mehrheit der Jugendlichen in Ostdeutschland kein Verständnis dafür aufbringt, dass ihre Eltern sich am Badestrand nackt ausziehen. Ein DDR-Markenzeichen, die »Freiköperkultur« befand sich nun auch im Osten in der Defensive.

Mit der westlichen Nacktbadekultur, die offenbar dazu dient, den allgegenwärtigen Lebens- und Prinzipienkampf auch noch an die Wasserkante zu tragen, hatte die DDR-FKK-Bewegung nichts gemein. Sie war ohne Bekennerpflicht. Die zunächst noch vorhandenen scharfen Grenzen zu den »Textilstränden« verschwanden mit der Zeit. Und als es dem Ende zuging, tat jeder am Ufer, was er wollte und wo er es wollte. Diese Sitte, oder – wie andere meinten – Sittenlosigkeit –, wurde nirgends in den Staaten des Ostens geteilt. Polnische, sowjetische und tschechische Badegäste am Ostseestrand schrieben entrüstet nach Hause: Stellt euch vor, die Deutschen ziehen sich völlig nackt am Strand aus.

Das änderte sich mit den vordringenden Westdeutschen nach 1990. Sie waren die ersten, die wieder auf Regeln pochten. Im Osten zogen die guten Sitten wieder ein und die Menschen sich wieder an. Heute ist Ostdeutschland im Großen und Ganzen angepasst und eine Gesellschaft, in der Prüderie und Pornografie Arm in Arm durchs Leben gehen.

Partnerwahl ohne Versorgungsaspekt?

Der Kinostreifen »Die Legende von Paul und Paula ist« ein in vielerlei Hinsicht bemerkenswerter Film. Was aber macht ihn so exemplarisch, weshalb lassen Westdeutsche sich gerade von ihm so faszinieren? Weil er im tiefsten Inneren eine Zurückweisung von all dem bedeutet, was der Westler sich im zwischenmenschlichen Bereich vorstellen konnte. In seinem geistigen Horizont kann der normale Mensch nur nach »oben« streben, kann er nur die soziale Leiter hinauf wollen. Folgerichtig zeigen seine Bücher, seine Filme, wie das arme Lieschen Müller den reichen Adligen abbekommt oder doch zumindest den Chefarzt. Ja, da führt auch noch der nach Selbstverwirklichung strebende Einzelkämpfer sein Schattendasein, die »starke Frau« ist neuerdings auch im Angebot.

Bei »Paul und Paula« ist es anders. Nicht er zieht sie zu sich hinauf, sondern sie zieht ihn zu sich hinab (zumindest in der sozialen Hierarchie), und dennoch ist es ein Glück für ihn.

Sicher haben die nicht recht, die da betonen, dass die zwischenmenschlichen Beziehungen in diesem DDR-Staat frei von Klassendünkel, Kastenzugehörigkeit, also geradezu »rein« gewesen seien. Das ist so nicht wahr, materielle Dinge spielten im Denken und Verhalten der Menschen zum Ende hin sogar wieder eine wachsende Rolle. Appelle an den Idealismus verfingen zunehmend weniger, selbst die Propaganda kam nicht mehr so oft auf das »Wir« zurück. In einer SED-Parole des letzten Jahrzehnts hieß es recht kleinbürgerlich »Ich leiste was, ich leiste mir was«. Dennoch waren Vermögens- oder Standesfragen für die Partnerwahl beispielsweise bis zum

DDR-Ende oft ohne nennenswerte Bedeutung. Viel häufiger als in der Gegenwart wurde die Partnerin oder der Partner jenseits der eigenen sozialen Schicht gesucht und gefunden. Versorgungsaspekte gaben dabei selten oder gar nicht den Ausschlag, weil die Versorgung für jeden irgendwie gesichert war. Blieb eine so windige – manchmal flüchtige – Sache wie die Liebe füreinander. Vielleicht erklärt das auch die extrem hohe Scheidungsrate in der DDR. Diese Rate ist aber außerdem Ausdruck dafür, dass die selbstbewussten DDR-Frauen – die viel öfter als Männer die Scheidung einreichten – vor dem Leben nach einer Trennung keine oder nur wenig Angst hatten. Das galt auch, wenn sie Kinder hatten. Heute wären sie Armutskandidatinnen. Einkommen oder gar Renten liegen für viele Menschen so niedrig, dass eine vielleicht sogar wünschenswerte Trennung aus finanziellen Gründen gar nicht möglich ist, weil das vorhandene Geld für die Finanzierung von zwei Haushalten einfach nicht ausreichen würde. Der englische Autor Hector Hugh Munro (Saki) schrieb vor mehr als hundert Jahren, dass Armut mehr Haushalte zusammenhält als sie sie trennt.

Und außerdem führt das gedanklich zum nicht völlig zu ignorierenden Umstand, dass sich die DDR-Bevölkerung, trotz der seinerzeit kostenlos verabreichten Pille, vermehrt hat, während das im heutigen Ostdeutschland nicht mehr geschieht. Spricht das für oder gegen die DDR?

... und dass es leichter ist, das Böse zu strafen,
als selbst unverwerflich zu sein.

William Shakespeare

Mit Stalins freundlicher Genehmigung

Mit der Bildung der neuen Länder kehrte Ostdeutschland
zu stalinschem Besatzungsrecht zurück

Das bevorstehende Gründungsjubiläum Brandenburgs wie
aller übrigen neuen Länder ist begleitet von der Grundvor-
stellung, dass sich 1990 nun der Volkswille durchgesetzt
und mit der Länderbildung die »undemokratische« Gliederung in DDR-Bezirken abgeschafft worden ist. Histo-
risch ist das nicht haltbar.

Denn Brandenburg wie die übrigen neuen Länder, die
1990 wieder gebildet wurden, sind allesamt eine Kreation
von Generalissimus Josef Stalin. Und sie haben auf allem
andern als einem demokratischen Weg das Licht dieser
Welt erblickt. 1945 hatte die sowjetische Besatzungsmacht
eine Gliederung ihrer Zone vorgenommen und damit
die Länder (»Provinzen«) Mecklenburg-Vorpommern,
Sachsen-Anhalt, Brandenburg, Sachsen und Thüringen
gebildet. Übrigens noch vor den meisten West-Ländern,
und so gesehen sind die »neuen« Länder älter als die
meisten alten. Diese Neugliederung hat Stalin in Auftrag
gegeben, und er hat die Ergebnisse auch endesunterzeich-

nend abgesegnet. Mithin kam die erwachende Demokratie in Ostdeutschland nach 1989 auf eine stalinistische Vorgabe zurück, da beißt die Maus keinen Faden ab. Man kann ja argumentieren, dass die Verwaltungsstruktur der DDR-Bezirke nach 1990 nicht haltbar gewesen wäre, aber immerhin basierte sie auf einer Entscheidung nicht der Besatzungsmacht Sowjetunion, sondern auf einer Entscheidung deutscher Politiker.

Auf die Ländergründung kann sich die Demokratieannahme also nicht beziehen. Die Darstellung, dass 1990 ein historisches Unrecht beseitigt und einer angestammten, gleichsam eingeborenen Aufteilung demokratisch wieder Geltung verschafft worden sei, ist irreführend. Die Bildung der Länder 1945 war genauso wenig demokratisch wie ihre Abschaffung 1952. Würde man nun halbwegs bei der historischen Wahrheit bleiben, dann müssten die fünf neuen Länder bei ihren großartigen Geburtstagsfeiern dem Genossen Stalin für seine Weitsicht und seine klugen Gebietsaufteilungen danken. Denn immerhin kam man 1990 auf die stalinschen Pläne zurück. In jenem Jahr wurde im Verwaltungsaufbau haarklein kopiert, was Stalin sich 1945 ausgedacht hatte.

Jetzt so zu tun, dass diese Länder eine gleichsam natürliche Bewegungsform der in ihnen lebenden »Völker« sind, wäre genauso abwegig. Thüringen als geschlossenes Gebiet entstand ohnehin erst 1920, und seine Hauptstadt Erfurt sowie große Teile des heutigen thüringischen Nordens gehörten damals zu Preußen. Sachsen entsprach zwar noch sehr kompakt – wenn auch nicht vollständig – dem historischen deutschen Königreich gleichen Namens. Das gilt aber nur mit starken Einschränkungen, denn die Sowjets hatten nicht das Sachsen vor 1815 wiederbelebt.

Andernfalls hätten Belzig, Finsterwalde, Senftenberg und Lauchhammer beispielsweise damals (und heute wieder) sächsisch sein müssen. Beim Land Brandenburg müssen die meisten Zweifel angemeldet werden, denn das eigentliche Gebiet Brandenburgs zog sich einstmals sehr weit über den Fluss Oder hinweg. Und die brandenburgischen »Kernlande« Altmark und Neumark, das heißt die Geburtsstätten Brandenburgs, sind gar nicht Bestandteil des heutigen Bundeslandes dieses Namens.

Nein, das brandenburgische Urgebiet gehört zum Land Sachsen-Anhalt. Bei dem hat man nun das Gefühl, es entstand dadurch, dass sein Umland sich gegenüber diesem Gebiet einfach abgegrenzt hatte, und was übrig blieb, das bekam dann das Etikett Sachsen-Anhalt verpasst. Auch im Norden war nach dem Zweiten Weltkrieg an den historischen Gegebenheiten erheblich herumgefeilt worden, die dann geschaffene (und heutige) Gebietslage hat mit der geschichtlichen wenig oder gar nichts zu tun. Mecklenburg war ein eigenständiges katholisches Herzogtum, Vorpommern mal schwedisch, mal preußisch, auf jeden Fall protestantisch. Aber es kam ja laut alliiertem Kontrollratsbeschluss 1947 auf die Abschaffung Preußens an, und dem kamen die Russen einfach zuvor, indem sie die Gebiete des alten Preußens links der Oder auf verschiedene neue Länder (Provinzen) verteilten.

Lassen Sie Ihren Sohn Beamter werden,
da trägt er Verantwortung, aber da hat er keine.

Kurt Tucholsky

Von der Wiege
bis zur Bahre

»Das Ding war gelaufen«

Der Fisch stinkt bekanntlich am Kopf zuerst. Und wenn in den vorzüglich abgesicherten Oberstuben einer Gesellschaft die Leute den Hals nicht voll genug bekommen, dann verfehlt es seine Wirkung auf alle anderen nicht. Vor zehn Jahren war Brandenburg dazu verurteilt, einen diesbezüglichen Beweis anzutreten. Als die damals scheidende Justizministerin Beate Blechinger (CDU) 2009 die Ergebnisse ihrer Arbeit rückblickend zusammenfasste, behauptete sie, dass ein »unrühmliches Kapitel rechtsstaatlich abgeschlossen« sei. Gemeint war die sattsam bekannte, seit Jahren schwelende »Trennungsgeldaffäre« in der brandenburgischen Ministerialbürokratie.

Sie haben alles. Sie haben ihre fürstlichen Gehälter und das bei absolut sicherem Arbeitsplatz. Sie haben ihre beamtenrechtlich garantierten Zuschläge. Sie hatten »Buschzulagen«, sie beziehen zusätzliches Kindergeld (Familienzuschlag), sie genießen soziale Rundumabsicherung auf höchstem Niveau. Sie hatten selbstverständlich nie weniger als 100 Prozent vom Tarif verdient und bevöl-

kern Ministerien, die 2007 auch noch damit warben, dass
in der gewerblichen Wirtschaft Brandenburgs gerade einmal 62 Prozent dessen gezahlt wird, was Menschen in den
alten Bundesländern für die gleiche Tätigkeit erhalten.

Sie sind auf Kosten des Steuerzahlers privat versichert,
sind also in der heutigen Zwei-Klassen-Medizin eindeutig
im Vorteil. Sie hatten lange Jahre noch zusätzlich Minis-
terialzuschläge auf ihrem Konto. Ihre durchschnittliche
Pension, für die sie keinen Cent eingezahlt haben, ist
vier Mal höher als die Durchschnittsrente in Brandenburg. Und sie beziehen diese üppigen Altersbezüge nicht
zwölf Mal im Jahr wie der schäbig abgefundene Rentner,
sondern dreizehn Mal. Und wenn sie eine bestimmte
Zeit in diesen Kissen verbracht haben, dann warten auf
sie Jubiläumsprämien. Ein Sonnensystem an Privilegien
und Vorrechten schützt sie davor, das Schicksal ihrer in
zunehmender Unsicherheit lebenden deutschen Mitbürger
zu teilen. Sie leben und arbeiten unter Bedingungen, von
denen der gewöhnliche Brandenburger nicht einmal zu
träumen wagt. Und – nicht zu vergessen – sie genießen
bei der Verteidigung ihrer Vorrechte die Unterstützung
sämtlicher Parteien.

Ende der neunziger Jahre keimte der Verdacht, dass
flächendeckend noch ungerechtfertigt bezogene Summen
hinzugekommen seien. Bereits im Februar 1997 sprach
die damalige Finanzministerin Wilma Simon (SPD) von
einer »Vielzahl« von Fällen, »in denen zu Unrecht Trennungsgeld gezahlt« worden sei. Sie bezweifelte, dass die
Empfänger hoher Summen tatsächlich »uneingeschränkt
umzugswillig« waren, wie das Gesetz es für diesen Fall
vorsieht. Nun ist Trennungsgeld etwas – das muss man
dem Normalsterblichen erläutern –, worauf der Staats-

diener Anspruch hat, wenn er beruflich versetzt wird, mehr als 30 Kilometer von seinem Wohnort entfernt arbeitet und, jetzt kommt es, »die uneingeschränkte Umzugswilligkeit nachweisen« kann. Laut Justizministerin Blechinger stellten die Prüfer in diesem Stadium fest, dass bei der Bewilligung von Trennungsgeld »sehr großzügig« verfahren worden sei. Die »Hausleitung« im Justizministerium habe in früheren Jahren sogar die Anweisung gegeben, das Trennungsgeldrecht »nicht zu restriktiv« anzuwenden.

Als die ersten Ergebnisse bekannt wurden, sprach Ministerpräsident Matthias Platzeck von einem »Anspruchsdenken«, bei dem einem »die Spucke wegbleibt«, und rief für Brandenburg eine »Vertrauenskrise« aus. Es ermittelten eine Kommission unter der Leitung von Wolfhart Schulz (Bundesinnenministerium) und der brandenburgische Landesrechnungshof parallel. Der *Spiegel* titelte einen diesbezüglichen Bericht: Vom Stamme »Nimm«.

Fünf Jahre später legte Staatskanzleichef Clemens Appel den Abschlussbericht vor: Von 8914 geprüften Fällen waren 1124 wegen ungerechtfertigt gezahltem Trennungsgeld zu beanstanden gewesen, bei 220 wurde die Forderung nach Rückzahlung erhoben. Allein im Justizwesen wurden laut Ministerin Blechinger 404 Fälle beanstandet, davon 308 eingestellt und 96 mit Rückforderungen abgeschlossen.

Unter denen, die Geld zurückzahlen mussten, waren fünf ehemalige Minister oder Staatssekretäre, die insgesamt 52 600 Euro zurückzahlen sollten. Weiter betraf das zwanzig Richter und 122 Beamte der höchsten Ebene. Insgesamt war dem Land ein Schaden von 2,1 Millionen Euro entstanden. Aus der vorläufigen Bilanz Appels ergab sich, dass das gesetzwidrige Verfahren beim Trennungsgeld ein

Delikt vor allem der oberen Leitungsebene gewesen war. Von den »Verdächtigen« waren ein Prozent Beamte im einfachen Dienst, neun Prozent gehörten dem mittleren Dienst an, 27 Prozent dem gehobenen Dienst und 63 Prozent (491 Verdachtsfälle) dem höheren Dienst – also der eigentlichen Chefebene.

Das Landgericht Potsdam hatte einen Ex-Staatssekretär zu einer Geldstrafe verurteilt, weil es als erwiesen ansah, dass er 28 000 Euro Trennungsgeld zu Unrecht kassiert hatte. Laut Urteilsbegründung hat im brandenburgischen Justizministerium ein »erschreckender Geist anhaltender Servilität« dazu geführt, dass im großen Stil unberechtigt riesige Summen an zumeist hohe Beamte geflossen sind.

Unter dem Druck der Vorwürfe trat der Chef des Landesverfassungsgerichts Peter Macke zurück, der Präsident des Oberverwaltungsgerichts konnte sich in einen Vergleich retten. Selbst Staatskanzleichef Appel, als der Anführer der Aufklärer sozusagen, zahlte irgendwann 20 000 Euro Trennungsgeld zurück. Und – damit kein Zweifel aufkomme – somit kann er als Ehrenmann gelten. Ihm galt die Wut jener, denen er es immerhin schwerer machte, sich dagegen zu stemmen.

Zwar wurden insgesamt schließlich 1124 Fälle von unkorrekt gezahltem Trennungsgeld nachgewiesen, doch nur in einem Fünftel der Fälle kam es zu Rückzahlforderungen. Winkelzüge und Verjährung leisteten das ihre. Was diese Leute einmal zwischen den Zähnen haben, das rücken sie nur sehr ungern wieder raus. Schon eine schleppende Bearbeitung konnte in die Verjährung führen und dem Beamten das ungerechtfertigt bezogene Trennungsgeld sichern. Wirklich zurückgezahlt wurde allenfalls ein Bruchteil, unter anderem auch wegen der verzögerten Bearbeitung in der Landesregierung. Dadurch waren dem Land allein 433 000 Euro verloren gegangen. Von rund 1,7 Millionen Euro, die zurückverlangt wurden, waren Ende 2008 laut Staatskanzlei ganze 281 000 Euro an den Haushalt geflossen. Vor Gericht gegen den Rückzahlbescheid geklagt hatten zu diesem Zeitpunkt 68 Personen.

Natürlich hing der anhaltende Widerstand gegen die Rückzahlungen, der das Ansehen des Landes schwer beeinträchtigte, eng mit der Frage zusammen, ob Minister, Staatssekretäre, Richter und Staatsanwälte eigentlich für ihr Amt tauglich sind, wenn sie selbst rechtswidrig gehandelt und sich Geld erschlichen haben. Hinzu kam laut dem PDS-Abgeordneten Heinz Vietze noch, dass sich dieser Personenkreis zusätzlich düpiert fühle, wenn Rückzahl-Erwartungen von »blöden Ossis« ausgehen.

Auf das Bedauern von »Unzulänglichkeiten« und »schwierigen Zeiten« dürfe dieser beispiellose Skandal nicht hinauslaufen, forderte Vietze. Und auch nicht darauf, untergeordneten Sachbearbeitern die Schuld in die Schuhe zu schieben. Er erinnerte an die Einschätzung unabhängiger Juristen, dass ein »Beziehungsgeflecht« zu einer Überbezahlung dieses Ausmaßes geführt habe. Ganz offenkundig habe es »unzureichende Vorschriften gegeben, laxe Handhabung, Großzügigkeit an der falschen Stelle, verkehrte Anreize und vor allem eine unterentwickelte soziale Sensibilität«. Es kam infolge der Trennungsgeldaffäre ab 2004 zu einer geringfügigen Verschärfung im Trennungsgeldrecht. Diese Änderung kam nach einem jahrelangen zähen Ringen und Feilschen zustande. Man vergleiche die Geschwindigkeit, mit der nach Bekanntwerden des Falles von »Florida-Rolf« das Sozialrecht in

Deutschland geändert worden war. Und dann versteht man diese Welt ein wenig besser.

Wie heißt es beim Evangelisten Lukas?

»Die da haben, denen soll gegeben werden. Und die da nicht haben, denen soll auch das genommen werden, was sie haben.«

Bleibt noch die Frage, ob sich dieses Verhalten der Spitzenbeamten wirklich auf Brandenburg beschränkt hatte und wieso in den anderen neuen Ländern mit ihren »Aufbauhelfern« aus den alten Ländern so gar nichts Diesbezügliches geschehen sein soll. Hier kann nur wiedergegeben werden, was in Brandenburg als Gerücht kreiste: Als die ersten Warnsignale aus Potsdam eintrafen, taten sie ihre alarmierende Wirkung: Blitzschnell und ohne Federlesen wurden die aussagefähigen Akten vernichtet, einer Untersuchung wurde so jeglicher Boden entzogen. Von Schwerin über Magdeburg bis Dresden und Erfurt rauchten die Schlote beziehungsweise liefen die Aktenwölfe heiß. »Das Ding war gelaufen. Wir werden es nie erfahren.« (Volker Braun, »Hinze und Kunze«)

An jenem Abend im Landtag Brandenburgs wurde es einmal mehr deutlich: Die Beamten Deutschlands sind nicht bereit, einen Beitrag zur Rettung der Sozialsysteme zu leisten und fordern von der Politik mehr Geld. Bei einem parlamentarischen Abend in der Lobby des Potsdamer Landtagsschlosses nannte ein hoher Beamtenlobbyist das System der gesetzlichen Renten- und Krankenversicherung »marode« und »nicht mehr stabil«. Dennoch könne es den rund 1,1 Millionen Beamten in Deutschland nicht zugemutet werden, mit ihren Beiträgen dieses System »wieder auf die Beide zu stellen«. Sie dürften hier nicht für »Fehler der Vergangenheit« zur Kasse gebeten werden. Als Gutverdiener würden sie übrigens auch höhere Rentenansprüche haben, gab er zu bedenken. An dieser Stelle würde der eine oder andere SPD- oder LINKEN-Abgeordnete immer mal wieder die Nähe zu seinem Grundsatzprogramm herausstellen (gemeint war, eine Bürger-Sozialversicherung ins Leben zu rufen, in welche die Bezieher aller Einkommensarten einzahlen müssen. M. K.).

Bezogen auf die Tatsache, dass sehr viele Beamte vom Steuerzahler hohe Summen überwiesen bekommen, obwohl sie ihre Tätigkeit aus unterschiedlichen Gründen gar nicht mehr ausüben, sagte der Lobbyist, nach einem aufopferungsvollen Einsatz im Dienste des Staates müsse die Beamtin oder der Beamte das Recht auf eine akzeptable Alimentierung haben und dürfe nicht alleingelassen werden. Angesichts der von ihm vermuteten hohen Gehälter in der Wirtschaft sei die Staats- und kommunale Verwaltung mit ihrer Bezahlstruktur aber einfach »nicht wettbewerbsfähig«, rechnete er den anwesenden Abgeordneten vor. Die gescholtenen Vertreter der Regierungsparteien durften danach ans Mikrofon treten und versichern, dass der öffentliche Dienst noch viel attraktiver werden müsse, als er es jetzt schon sei. Von der Bürgerversicherung sprachen sie sicherheitshalber nicht.

Das wiedereingeführte Berufsbeamtentum ist der durchgesetzte Wille, die Gesellschaft in Klassen einzuteilen

Die DDR hatte das Berufsbeamtentum abgeschafft. Gepriesen sei sie dafür. Damit verzichtete sie auf die Wiederbelebung einer leistungsschwachen und pflegeaufwendigen

Kaste, welche die Privilegien, die sie für sich reklamiert, oft genug nicht rechtfertigt. Das war aber nicht der Hauptgrund dafür, diesen Zopf abzuschneiden. Vielmehr geschah das mit Blick darauf, dass die Gewaltenteilung tatsächlich in Deutschland nicht belastbar ist, wie es sich 1933 gezeigt hatte. Die Naziherrschaft konnte sich in diesem Jahr so reibungslos etablieren, nicht obwohl es das deutsche Beamtentum gab, sondern weil es dieses gab und es in seiner spezifischen Verfassung war. Für besondere demokratische Attitüden war es nie bekannt, es neigt seinem tiefsten Innern zufolge immer eher einem autoritären Staatsmodell zu. Vor allem aber dient es demjenigen, der ihm die Privilegien sichert. Und dazu war die DDR im Falle von Hitlers willigen Vollstreckern nun einmal nicht bereit.

Mit einem Atavismus gigantischen Ausmaßes muss der Ostdeutsche seit dreißig Jahren wieder leben. Denn nun standen auch diese Fleischtöpfe in Ostdeutschland wieder bereit. Dass diejenigen, die keinen Cent in die Altersvorsorge einzahlen, heute ein Vielfaches dessen an Alters-Pension erhalten, was Menschen bekommen, die ihr ganzes Arbeitsleben lang einzahlen mussten – sofern sie nicht durch eine Arbeitslosigkeit daran gehindert waren, in die ein Staatsdiener niemals gelangen kann –, ist eine Gerechtigkeitslücke und eine extreme soziale Belastung für Ostdeutschland. In der DDR gab es nichts Vergleichbares. In ihr wurden Gleichheitsvorstellungen ausgeprägt, die seither eine beständige Verletzung erfahren. Es existiert in Ostdeutschland keine politische Partei, die das ansprechen, geschweige denn verändern würde. Ja, es ist der DDR zu danken dafür, dass sie ihren Bürgern diese Gesetz gewordene Unverschämtheit, diese Recht gewordene Ungerechtigkeit erspart hat. Wenn diese Bürger auch – zugegeben – oft genug beamtenhaftem Verhalten der damaligen Behörden ausgesetzt gewesen waren.

Die seit 1990 erlebte Privilegienwirtschaft im öffentlichen Dienst hat zu einer Klasseneinteilung der Gesellschaft geführt, die ein bedeutender Beitrag zu Frust und Verweigerung in Ostdeutschland war und ist. Auf eine Herrschaft ungerechter Verhältnisse wirkt diese Einteilung stabilisierend. Das Prinzip »Teile und herrsche« (gemeint ist: »Entzweie und herrsche«) ist ein uraltes.

Im Kapitel »Rente« wird ausführlich dargelegt, dass der Durchschnittsrentner in Ostdeutschland nach einem Leben voller Beitragszahlung mit 850 Euro eine Rente bezieht, die den Aufwendungen für einen Sozialhilfefall entspricht. Ganz anders steht eine andere Gruppe da: die Beamtenpensionäre. Sie sind jetzt bei einer Durchschnittshöhe zwischen 2500 und 3000 Euro pro Monat angelangt, ohne dazu beigetragen zu haben. Und das bei den stolzen Beamtengehältern, deren Höhe in der Öffentlichkeit schon niemand mehr anzugeben wagt. Also der Pensionär bekommt nicht ein Viertel mehr, sondern das Vierfache des Rentners. Und es ist auch nur aus dem Grund nicht noch viel mehr, weil die Politik dem öffentlichen Dienst attraktive Vorruhestandsregelungen ermöglicht hat, von denen der Normalbürger nicht einmal zu träumen wagt. Natürlich gibt diese Gegenüberstellung die ganze Wahrheit nicht einmal wieder, denn während der Durchschnittsrentner seine paar Euro im Jahr zwölfmal überwiesen bekommt, kann der Ex-Beamte mit Urlaubs- und Weihnachtsgeld rechnen. Dass der Staat die Kinder in Klassen einteilt, die er unterschiedlich finanziell ausstattet, dass Beamtenkinder noch Sonderzuschläge beim

Kindergeld beziehen, wird im Kapitel »Sozialpolitik« ausführlich beschrieben.

Längst erfüllen diese Zustände – wir wiederholen es – die Kriterien der Klasseneinteilung der Gesellschaft. Zwischen 2005 und 2015 hat sich laut Wirtschaftsministerium Brandenburgs die Wirtschaftskraft des Landes pro Jahr um ein mageres Prozent erhöht, also insgesamt etwa um 10 Prozent. Die Einkommen im öffentlichen Dienst stiegen in der gleichen Zeit um 25 Prozent. Das heißt, die Politik sieht dabei zu und arbeitet aktiv daran mit, dass sich der öffentliche Dienst Jahr für Jahr größere Stücke aus dem Kuchen schneidet. Das vollzieht sich auf allen Ebenen und mit der Selbstverständlichkeit, mit der sich Menschen früh am Morgen eine Tasse Kaffee kochen. Der Anteil der Personalausgaben lag 1992 bei 12 Prozent der Landesausgaben. Er ist auf mehr als das Dreifache geklettert. Mindestens. Obwohl sich der Umfang der Zahlfälle auf weniger als die Hälfte verringert hat. Nach dem Motto: »Weniger verdienen mehr.« Während andere Menschen sich ängstlich vieles versagen müssen, um im Alter einen Notgroschen zu haben (der sich angesichts der EZB-Politik höchstwahrscheinlich in ein Nichts auflösen wird), kann der Staatsdiener sein glänzendes Gehalt verjubeln, er kann spekulieren, in Abwägung Gold oder Grundbesitz erwerben – denn seine üppige Altersversorgung ist das Sicherste von der Welt und erspart ihm jegliche Vorsorge.

Ein Rundum-Sorglos-Programm

Wird diese unfassbare Vorteilslage nun wenigstens mit einer akzeptablen Berufsauffassung entgolten? Der Krankenstand bei Polizisten und Lehrern in Brandenburg beträgt zwischen 12 und 15 Prozent. Das ist eine Angabe an der unteren Grenze. Die Vertreter der Selbständigen und »freien« Berufe halten dagegen, dass sie einen Krankenstand von 3 Prozent aufweisen. Angesichts der notorischen Rufe, das Land habe zu wenig Lehrer und zu wenig Polizisten, sollte der Wahrheit eine Chance gegeben werden: Das Land hat zu wenig Lehrer und zu wenig Polizisten, die zum Dienst erscheinen. Also zu wenige Beamte, die für ihre Gehälter auch tatsächlich etwas tun. In dieser Sphäre ist der Zusammenhang zwischen beruflicher Tätigkeit und Einkommenshöhe ausgeräumt. Mit Leichtigkeit ließe sich nachweisen: Jeder 500-Euro-Schein, der dem Gehalt im öffentlichen Dienst beigelegt worden ist, hat die Arbeitsmoral in diesen Kreisen verschlechtert. Vor einige Jahren hat der damalige Bildungsminister Brandenburgs Günter Baaske (SPD) mitgeteilt, dass sich in einem einzigen Schulamtsbezirk 180 Lehrer zu Beginn der Sommerferien gesundschreiben lassen und zum Schuljahresbeginn wieder krank. Die Schulverwaltung hatte es einmal gewagt, rund siebzig Lehrer aus dem Schulamtsbezirk Cottbus, wo sie überzählig waren, in andere Schulamtsbezirke des Landes zu versetzen. Das heißt, dieser Vorgang hätte eine Demonstration dafür sein können, dass der treue Staatsdiener seine Privilegien auch mit Gegenleistung verdient. Beamter für Beamter hatten sich die Betroffenen wieder zurückgeklagt. Die brandenburgische Gesellschaft blieb mit der Gewissheit zurück, dass ein Beamter das Recht besitzt, dort zu leben, wo der Staat ihn eben nicht benötigt.

In allen öffentlichen Kassen sind die Personalausgaben der größte und immer weiter anschwellende Posten. Die inzwischen eingesetzte Pensionierungswelle wird in Brandenburg dafür sorgen, dass hier noch einmal zwischen einer Milliarde und 1,5 Milliarden Euro an Ausgaben hinzukommen. Gleichzeitig werden die Einnahmen des Landes durch das Versiegen diverser Quellen (EU-Förderung, Aufbau Ost) um mehr als eine Milliarde zurückgehen. Wie diese Lücke zwischen 2 und 3 Milliarden Euro zu schließen ist, das wird die spannende Frage. Die Menschen werden immer höhere Steuern und Gebühren zahlen und immer weniger dafür bekommen. Man kann ja Steuern erhöhen. Oder – bei nachgewiesenem Notstand – Schulden aufnehmen. In Griechenland hat es ja auch geklappt.

»Der Bundestag ist mal voller und mal leerer, aber immer voller Lehrer«, heißt es. Landtage in Deutschland sind von dieser Regel nicht ausgenommen. Beamte sind in den Parlamenten ebenso überrepräsentiert wie Juristen. Da sie ein unbedingtes Rückkehrrecht in die alte Funktion besitzen, keinerlei Einschränkungen danach befürchten müssen, können sie risikolos auch als Abgeordnete handeln und sind auf diese Weise einmal mehr privilegiert. Denn für Parlamentarier aus anderen Berufsgruppen gilt das ganz und gar nicht, sie müssen sehr wohl im Auge haben, was in dem Fall geschieht, dass sie nicht mehr gewählt werden. Die Beamtenvertreter in den Parlamenten sichern ihn ab, diesen infamen Kurs, der seit 1990 auch in Ostdeutschland abläuft. Kein Thema hält sich so beständig auf der politischen Tagesordnung wie die angeblich völlig unhaltbare soziale Lage im öffentlichen

Das sage ich schon seit langem!

Dienst. Lobbyisten in Regierungsparteien und Opposition sind einträchtig dabei, sich gegenseitig einen Geiz an völlig ungeeigneter Stelle vorzuwerfen. Dabei geht es nicht etwa um Einsparungen, um Leistungsabforderung oder um den Widerspruch zwischen den ausufernden Kosten und den wirklichen Ergebnissen, welche diese Kaste erfordert beziehungsweise erbringt. Obwohl keinem Politiker unklar sein könnte, dass es sich bei den Beamten um die am großzügigsten entlohnte, am umfangreichsten in Vorrechten und Privilegien ausgestattete Gruppe im Land handelt, wird beständig das Bild vom darbenden, schmählich ausgebeuteten Staatsdiener gezeichnet (»gesicherte Armut«). Unaufhörlich gelingt es ihnen, sich als ungerecht behandelt, als zurückgesetzt zu inszenieren. Warum aber drängt dann alles an Schulabgängern in die Verwaltung, wenn es bei Verstand ist? Während Handwerk, Dienstleistung, Gaststättenwesen und Fremdenverkehr bezogen auf den beruflichen Nachwuchs förmlich Straßenraub betreiben müssen, kann sich der öffentliche Dienst vor Bewerbungen kaum noch retten. Schon als Auszubildende sind die im öffentlichen Dienst Beschäftigten mit Monatsbezügen ausgestattet, die nicht selten mit den Summen vergleichbar sind, für die andere Menschen ehrlich ihrem Beruf nachgehen. Jemand hat einmal ausgerechnet, dass das Überreichen einer Verbeamtungsurkunde in seiner Werthaltigkeit der Schenkung eines mittelständischen Unternehmens entspricht. Wohlgemerkt – ohne den Stress, ohne die Verantwortung, ohne den Kraft- und Zeitaufwand, die das Führen eines mittelständischen Unternehmens in diesem Lande nun einmal erfordert.

Die SPD-LINKE-Landesregierung in Brandenburg gefiel sich seit 2009 darin, für den öffentlichen Dienst ein Rundum-Sorglos-Programm aufzulegen und durchzusetzen. Einem Dutzend Maßnahmen, die das Leben für diesen Personenkreis immer noch viel netter machen, steht gerade einmal eine Verfügung gegenüber, die wirklich armen Menschen nützt. (Das war das Schüler-Bafög.) Während das Rentenalter für den Normalsterblichen auf 67 Jahren heraufgesetzt worden ist, geht der Polizeibeamte mit 62 Jahren in Pension. Den Lehrern wurde eine Wochenstunde erlassen mit der Folge, dass das Land 400 Lehrer zusätzlich einstellen muss, um diese Lücke zu schließen. Wenn es also zu wenig Lehrer und zu wenig Polizisten gibt, dann eben auch deshalb, weil die regierenden Parteien mit ihrer Schokoladenpolitik gegenüber dem öffentlichen Dienst selbst dafür gesorgt haben.

Auch das »beitragsfreie letzte Kita-Jahr«, eingeführt 2018, verbessert die Lage für Hartz-IV-Familien nicht, denn sie waren schon vorher von Kita-Beiträgen befreit. Das verbeamtete Lehrerehepaar ist der finanzielle Profiteur des Vorgangs, denn es spart auf diese Weise bis zu 400 Euro im Monat. Mit traumwandlerischer Sicherheit sind bei allem, was an Veränderungen vorgenommen wird, die Beamten die Nutznießer.

So sieht es aus, wenn die letzten Regeln geschleift werden, die auf unfassbare soziale Unterschiede noch reagiert haben, soziale Unterschiede, welche sich seit der Wende aufgetan haben. Die Einkommen von Lehrern (und übrigens auch Erziehern) sind inzwischen so groß, die sozialen Abstände zu ihren Mitbürgern so bedeutend, dass immer mehr Personen aus diesen Kreisen es gar nicht für nötig erachten, voll zu arbeiten. Sie begnügen sich mit einer Teilzeittätigkeit, denn die Kasse stimmt auch so. Und das Leben soll ja auch ein wenig Spaß machen. Vor uns liegt ein Beispiel, wie der Staat im vermeintlichen Streben bei den Seinen, mit Besserstellung und Vorteilsvergabe höhere Leistungen zu erzielen, in Wirklichkeit das Gegenteil auslöst. Für die Moral der Gesellschaft sind das alles ernste Schläge. Die Verantwortung der Gewerkschaften, der Interessenvertretungen und der Personalräte für dieses abstruse Bild ist nicht zu überschätzen.

Während Berlin und Sachsen nach 1990 bei der Verbeamtung die Notbremse gezogen haben, lockte Brandenburg bedenkenlos weiter mit diesem Privileg. Mit der Begeisterung eines Junkies wurde weiter verbeamtet und damit den Nachbarländern in den Rücken gefallen. Jedes Geld ist da, um eine Schicht zu vermehren, die keineswegs für ihren Arbeitseifer, hingegen aber für eine Anspruchshaltung bekannt ist, angesichts derer andere Menschen nur noch mit dem Kopf schütteln können. Die Folge: Auch Sachsen und Berlin haben 2018 beschlossen, die Verbeamtung ihrer Lehrer wiedereinzuführen. Auch dort wird der schon abgeschnittene Zopf wieder angeklebt. Das heißt, der »Vorteil«, den Brandenburg mit seinen Sonderkondition bei der Lehrereinstellung nutzen konnte, der ist dahin. Der Preis: Überall findet das Fest der Verbeamtung statt. Und ausdrücklich erklärte Bildungsministerin Britta Ernst (SPD) zum Schulbeginn im Herbst 2018 in Brandenburg, sie freue sich auf die neuen verbeamteten Lehrer. Die Gesellschaft hat damit etwas mehr Mühe.

Man macht Zugeständnisse beim Kauf,
aber niemals davor.

Alte deutsche Kaufmannsregel

Standort Ostdeutschland

Ostdeutschland wurde nach 1990 heruntergewirtschaftet –
und nicht davor

Das mondäne Stadtzentrum von Buenos Aires schmückt
sich mit Dingen der besonderen ostdeutschen Art. Wenn
der Besucher im exklusiven Micro-Centro der argentinischen Hauptstadt schlendert, also dort, wo die Reichen
und Schönen Argentiniens ihre unbezahlbaren Loft-
Appartements bewohnen, dann durchquert er eine Gegend, in der einstmals der alte Hafen der Stadt gelegen
hat. Gleich der Gegend um die alten Londoner Docks
wurde auch dieses Areal in den vergangenen Jahren in die
nobelste Wohngegend der Stadt verwandelt.

Doch nicht nur die alten Wasserbecken des Hafens
sind Bestandteile des neuen Ensembles geblieben. Auch
sechs technische Denkmale aus dieser Zeit recken sich in
den zumeist blauen Himmel von Buenos Aires. Es sind
große Hafen-Drehkrane, sie künden davon, dass diese
Gegend einstmals produktiv gewesen ist und das Tor zur
Welt für Argentinien gebildet hat. Dem weltreisenden
Ostdeutschen werden die Maschinen hinlänglich bekannt
vorkommen. Und nähertretend kann er sich auch auf
den restaurierten Schildern davon überzeugen, woher

diese technischen Meisterwerke stammen: »VEB Kranbau Eberswalde«. Die sechs eisernen und stummen Zeugnisse des DDR-Forschergeistes und Arbeiterfleißes sind ordentlich restauriert und schwarz-rot-gold gestrichen. Und, wie es im Theater heißt: Was gestrichen ist, kann nicht durchfallen ...

Ist es wirklich allein das »Runterwirtschaften«, was die DDR-Wirtschaft gekennzeichnet hat, wie uns die »Aufarbeiter« weismachen wollen? Seit dreißig Jahren muss diese Behauptung herhalten, wenn die extremen Defizite der Nachwendezeit ihre Entschuldigung benötigen. Mal abgesehen davon, dass diese Vorstellung ja beinhaltet, dass die SED 1946 blühende Landschaften übernehmen konnte und sie in vier Jahrzehnten danach systematisch zugrunde gerichtet haben soll. Das ist absurd genug. Wo aber ordnen wir folgenden Vorgang ein?

Jugendobjekt vs. Großprojekt

Man könne einen Eröffnungstermin des neuen Großflughafens Berlin Brandenburg in Schönefeld schließlich nicht »politisch beschließen«, verteidigen heute diejenigen das Milliardengrab im Süden Berlins, die man entgegen aller Erfahrungen immer noch »Erbauer« nennt. Von Eröffnung des Großflughafens BER, die ursprünglich einmal 2012 stattfinden sollte, mag 2018 kaum noch jemand sprechen – nicht bei diesem gigantischen Beispiel spätkapitalistischer Unfähigkeit. Übrigens: Man kann sehr wohl einen Flughafen-Eröffnungstermin politisch beschließen, und der Beweis dafür wurde auch am Standort Schönefeld erbracht. Nämlich beim Zentralflughafen Berlin Schönefeld, dem funktionierenden Vorläufer des BER, dieses vermutlich größten Bauskandals in der Geschichte der Bundesrepublik. Nicht allein, dass die Errichtung des größten Flughafens der DDR in den fünfziger Jahren ein geradezu mustergültiges Beispiel für die Umsetzung einer komplizierten Planung war – heute rettet dieses Prestige-objekt des DDR-Staatsratsvorsitzenden Walter Ulbricht die so unfähigen wie hoch bezahlten Flughafenplaner vor dem ganz großen Desaster. Abgesehen davon, dass der Flughafen Schönefeld in den fünfziger Jahren weit außerhalb der Großstadt angelegt worden war und damals niemand auf den Gedanken kam, ein solches Projekt in die Wohngebiete hineinzubauen.

Wenn man der DDR Unfähigkeit und der Bundesrepu-blik Effizienz unterstellen wollte, so wäre der Flughafen Schönefeld dafür eher ein Gegenbeispiel. 1947 ordnete die Sowjetische Militäradministration in Deutschland in ihrem Befehl Nummer 93 den Aufbau eines zivilen Flughafens in Schönefeld an. Die unglaubliche wirtschaft-liche Nachteilslage der kurze Zeit später gegründeten DDR (keine Hochseehäfen, keine Marshallplan-Hilfen, kaum Schwerindustrie, weitaus höherer Zerstörungsgrad, ein vielfach höherer Grad an Reparations-Demontagen, eine bettelarme Besatzungsmacht im Gegensatz zur su-perreichen der Westzonen) fand auch darin ihren Aus-druck, dass dieses Land keinen zivilen Flughafen besaß. Die Bedeutung des Flughafenbaus für die DDR wurde ferner dadurch unterstrichen, dass der Bau zum »Zen-tralen Jugendobjekt« ernannt worden war. Bis zur Wende wurde der Zentralflughafen Schönefeld mehrmals aus-gebaut. Im Jahr 1960 beschloss die DDR-Führung einen Generalplan zur Erweiterung. Grundlage der Planung waren die erwarteten Passagierzahlen für die kommenden Jahrzehnte (3,5 Millionen für Schönefeld und rund 14 Millionen für ganz Berlin bis zum Jahr 1980) sowie die Notwendigkeit eines Flughafens, der die Erfordernisse modernen Strahlverkehrs und effizienter Passagierabfertigung erfüllte. Letzte DDR-Erweiterungsplanungen sahen für Schönefeld eine Kapazität von langfristig 18 Millionen Passagieren pro Jahr vor.

Darüber hinaus wurde in den DDR-Jahren eine großzügige Anbindung mit S-Bahn und Fernbahn realisiert, die U-Bahn-Anbindung war in Planung, konnte aber der Wende wegen nicht mehr umgesetzt werden. Kurz vor dem Ende der DDR flog die »Interflug« von Schönefeld aus 53 Ziele auf vier Kontinenten an. Auch Singapur war darunter.

In einer Zeit, in der das Fliegen noch keine Alltäglichkeit, sondern ein Lebenshöhepunkt war, bildete Schönefeld für die Bürger der DDR ein Sinnbild für das Tor zur Welt. Im zweiten Obergeschoss des Terminals A befindet sich bis heute die Besucherbereich mit Restaurant, dessen Terrasse sich damals auf der gesamten Breite des Gebäudes ausdehnte – für die DDR-Filmgesellschaft DEFA vielfach Filmkulisse. Aber der Standort war auch für die Westberliner nicht unwichtig, weil sich von hier aus preiswert viele Ziele in Osteuropa, wie beispielsweise Budapest oder Prag, sowie später immer mehr Ziele in Westeuropa (niemals die der Bundesrepublik) erreichen ließen. Kerosin war in den Staaten des RGW meist deutlich billiger zu beziehen, so dass die DDR-Ticketpreise günstiger lagen. Die DDR-Fluggesellschaft »Interflug« verhielt sich mithin zur »Lufthansa«, wie später Ryanair zur Lufthansa. Außerdem war Schönefeld im Unterschied zu den innerstädtischen Airports Tegel und Tempelhof ein 24-Stunden-Flughafen.

Es ist also verhaltene Genugtuung und Abrechnungswut einzukalkulieren bei der Treuhand-Entscheidung von 1990, der »Interflug« keine Chance zu lassen. Den fetten Brocken teilten sich westliche Flugunternehmen. Der Flughafenstandort Schönefeld blieb vorerst als solcher erhalten, verbuchte aber in den neunziger Jahren einen erheblichen Rückgang bei den Passagierzahlen. Nicht allein der Wegfall der »Interflug«, auch die Verlagerung anderer Fluggesellschaften zum moderneren und zentraler gelegenen Flughafen Berlin-Tegel war dafür ausschlaggebend. Von den »klassischen Fluglinien« hielt einzig die russische Aeroflot Schönefeld die Treue. Der Flughafen dümpelte in dieser Phase vor sich hin – zumeist wurden Charterflüge abgefertigt. Der Fernbahnhof wurde abgeschafft. Einer Kundenumfrage des Flugportals eDreams zufolge war Schönefeld 2017 der schlechteste internationale Flughafen der Welt. Dabei bewerteten Kunden die Einkaufsmöglichkeiten, gastronomischen Angebote und Wartebereiche. Ebenfalls kritisiert wurden der veraltete bauliche Zustand sowie lange Wege zu den Parkplätzen. Wer aber trägt die Verantwortung für ausbleibende Modernisierungs- und Umbaumaßnahmen in Schönefeld-Alt? Die DDR?

Nach der Schließung des Flughafens Tempelhofs jedoch erhob sich Schönefeld wie Phoenix aus der Asche, und die Schlagzeile »Walter Ulbricht bewahrt die spätkapitalistischen Flughafendilettanten vor dem Schlimmsten!« wäre angebracht gewesen. Heute ist dieser Flughafenstandort Rettung und wesentlicher Eckpfeiler für den Flugverkehr Berlins.

Von Abriss ist keine Rede mehr, auch nicht davon, das Hauptgebäude als Abstelllager zu benutzen. Die Passagierzahlen am Flughafen Berlin-Schönefeld wachsen stark. Wurden 2003 1,7 Millionen Passagiere abgefertigt, waren es 2005 knapp über fünf Millionen. 2006 überschritt der Flughafen die Sechs-Millionen-Marke. Im Jahr 2016 wurden 11,6 Millionen Passagiere abgefertigt, was einer Steigerung von über 35 Prozent gegenüber dem Vorjahr entspricht. Kein Flughafen Deutschlands hat höhere Steigerungsraten.

Wenn Walter Ulbricht erleben könnte, wie sein Lieblingsvorhaben heute Fahrt und Flug aufnimmt, könnte er aus dem Grab winken: »Jeh, jeh, jeh.«

Gängige Einteilung keine sinnvolle

Die wirtschaftliche Entwicklung Ostdeutschlands seit dem Zweiten Weltkrieg lässt sich nicht in ein »Runterwirtschaften« zwischen 1945 und 1990 einerseits und ein »Aufblühen« nach 1990 andererseits einteilen.

Die DDR hat flächendeckend wirtschaftliche Entwicklung in vormals vernachlässigte Regionen getragen. Die heutigen Länder Brandenburg, Mecklenburg-Vorpommern und Sachsen-Anhalt waren die Territorien ihrer großen Investitionen. In unvorstellbarem Maße hat sich diese Entwicklung aus diesen Regionen nach 1990 wieder zurückgezogen. Ostdeutschland bildet immer mehr das Bild einer Drittwelt-Struktur aus überbordenden Mega-Zentren zwischen riesigen toten Zonen. Die Vereinten Nationen warnen ausdrücklich vor einer solchen Entwicklung.

Der finanzielle Beitrag der DDR zum Haushalt der
Vereinten Nationen betrug in den achtziger Jahren jährlich 1,3 Prozent des Gesamt-UNO-Haushalts. (BRD:
7,8 Prozent, Sowjetunion: 16,4 Prozent, USA: 31,4 Prozent.) Die DDR überwies damit mehr als die hundert
finanzschwächsten UNO-Mitgliedsstaaten zusammen-
genommen (von denen viele allerdings nur symbolische
Beiträge entrichteten). Da der Maßstab dafür das Brutto-
sozialprodukt war, das zu dieser Zeit Nationaleinkommen
hieß, war die DDR tatsächlich unter den zehn stärksten
Industriemächten der Welt. Das bestreiten heute diejenigen, die eine Zertrümmerung der ostdeutschen Wirtschaft
seit 1990 verantworten. Nach der »Wende« reduzierte
sich die Industrieleistung Ostdeutschlands auf ein Drittel
des Vorwendestandes. Die Region ist absolut, aber auch
relativ zurückgefallen. Zu DDR-Zeiten hatte der deutsche Osten einen technologischen Vorsprung gegenüber
Osteuropa, aber auch China und Vietnam herausgear-
beitet beziehungsweise gehalten. Dieser Vorsprung ist in
allen Fällen stark geschrumpft und oft genug überhaupt
nicht mehr vorhanden. Jetzt könnte sich Ostdeutschland –
würde es eigenständig antreten – bei den UNO-Hinteren
einordnen. Sein UN-Beitrag wäre nicht unter den ersten
zehn oder zwanzig, vielleicht nicht einmal mehr unter den
ersten fünfzig Staaten. So gesehen fand das Herunterwirt-
schaften Ostdeutschlands natürlich statt, aber nicht vor
1990, sondern danach. Und das, obwohl mit 1,5 Billionen
Euro nach den politischen Umbrüchen mehr Geld in den
Osten Deutschlands geflossen ist als in alle diese osteuropäischen Staaten zusammen. Das heißt: Die alle haben –
nahezu mittellos – diese Zeit wirtschaftlich besser genutzt
als der Osten Deutschlands.

Man gewinnt den Eindruck, es wollten die politischen und marktwirtschaftlichen »Macher« in der Bundesrepublik den Beweis dafür antreten, dass man mit ungeheuren Summen das bis über beide Ohren verschuldete, schlimmste demografische Krisengebiet Europas aus dem Boden stampfen kann.

Der wirtschaftliche und finanztechnische Vorgang, der sich mit dem Wort »Treuhandanstalt« verbindet, war aus Sicht der Ostdeutschen ein Fehlschlag gigantischen Ausmaßes. Noch nie in der deutschen Geschichte wurde in so kurzer Zeit so viel Eigentum in eine Richtung verbracht, und zwar von Ost nach West. Als dieser Vorgang beendet war, gehörte dem Ostdeutschen im eigenen Land die materielle Basis der Wirtschaft, die er vierzig Jahre lang aufgebaut und entwickelt hatte, nicht mehr. Eine Handvoll Glückliche fanden in Betriebsmuseen eine Anstellung, die von ihren einstigen volkseigenen Betrieben gelegentlich übrig gelassen wurden.

Fast alles, was das heutige Land Brandenburg noch an Industrie aufzuweisen hat, ist auf erfolgreiche DDR-Investitionen zurückzuführen: Eisenhüttenstadt, Schwedt, die Stahlwerke in Hennigsdorf und Brandenburg, die Energieindustrie in der Lausitz. Nach dem Zweiten Weltkrieg wurden von der DDR solche Regionen entwickelt, die als »Streusandbüchse« bis dato ein erbärmliches, rückständiges Dasein fristeten. Sie sind inzwischen wieder das, was sie im Mittelalter waren: Flecken, in denen Handwerk, Verwaltung und vielleicht noch Fremdenverkehr das triste Spiel bestimmen. Frühere Städte, in denen Handel und Wandel blühte, wie Forst, Pritzwalk, Wittenberge, Wittstock, Spremberg ... sind wieder Großdörfer, die ihren jungen Einwohnern kaum Perspektive mehr bieten.

Die »Marktwirtschaft« hinterließ in riesigen Regionen Verödung und ein immer weiter ausgedünntes Angebot an Bussen und Bahnen. Nun droht auch noch die Schließung des Bahn-Reparaturwerks Eberswalde, der letzte industrielle Anker einer vor dreißig Jahren produktiven Stadt. In Hennigsdorf droht die Serienproduktion von Schienenfahrzeugen endgültig eingestellt zu werden. Schon 1993 bezeichnete der damalige Wirtschaftsminister Brandenburgs Walter Hirche (FDP) den Umstand als »soziale Realität«, dass in der ostdeutschen Stahlbranche um den Erhalt des letzten Sechstels der in der Stahlindustrie Beschäftigten gerungen werden müsse, »während es im Westen um den Abbau eines Sechstels« gehe.

Als Ersatz für die weggebrochenen Industriestandorte Brandenburgs musste der »Tourismus« herhalten. Dessen Wachstumsraten sind unerwartet hoch. Was die Übernachtungszahlen angeht, eilt das Land von Rekord zu Rekord. Aber reich oder auch nur wohlhabend wird es damit nicht. Wie das konkret aussieht, lässt sich am Standort Rheinsberg besichtigen. 600 hoch qualifizierte, nicht selten international anerkannte Wissenschaftler und Fachleute auf dem Gebiet der Kernphysik mit beachtlichen Einkommen waren dort tätig, bis das KKW Rheinsberg stillgelegt wurde. Nun laden Schloss und Kammermusik und einige Reha-Kliniken in das Nest Rheinsberg. Arbeitsplätze gibt es für die Ostdeutschen: Sie können sich als Oberkellner, Zimmermädchen, Köche oder Nachtwächter betätigen. Mit den entsprechenden Einkommenshöhen. Auf gleicher Ebene lag der wohlgemeinte Rat, neben touristischen Potenzialen könne Brandenburg auch eine Zukunft als Alterssitz gutbetuchter Westberliner haben.

Man fragt sich beiläufig, ob in wirtschaftlicher Hinsicht überhaupt etwas von dem geklappt hat, was der Staat in Brandenburg nach 1990 in die Hände nahm. Das Beispiel Flughafen BER ist das schlimmste, aber nicht das einzige. Und man komme unsereinem nicht damit, die Verantwortlichen hätten es doch nur »gut gemeint«. Der Wille der handelnden Personen darf bei der Beurteilung der DDR heute schließlich auch keine Rolle spielen. Und das Gegenteil von gut ist gut gemeint.

Was ist auf der Haben-Seite? Den drei großen Güterverkehrszentren um Berlin wurde oft genug das Ende vorausgesagt – sie florieren heute. Die vom Staat stark bezuschussten Gewerbegebiete, die sich über das ganze Land erstrecken, standen vielfach lange leer. Heute sind sie mindestens zu einem großen Teil gefüllt – wenn auch möglicherweise nicht unbedingt mit Gewerbe.

Was aber steht dem gegenüber?

Noch in den neunziger Jahren musste die Landesregierung das Experiment Landesentwicklungsgesellschaft aufgeben und mit hohen Millionenverlusten abwickeln. Als Desaster endete das Prestigeprojekt Chipfabrik, als Desaster endete das Projekt Cargolifter. In Insolvenz ging der Lausitz-Ring. Als völlig verfehlt ist die Abwasserpolitik zu bezeichnen. Teuer und nutzlos waren diverse »Auslandsplattformen«. Der Glauben, mit Standorten der sogenannten erneuerbaren Energie den Stein der Weisen oder jedenfalls der wirtschaftlich Erfolgreichen gefunden zu haben, zerstob jäh, als die Krise in diesem Bereich den brandenburgischen Standorten reihenweise den Garaus machte. Weil die Landesregierung beim Thema Windräder und Solaranlagen das Bundesland zum Musterschüler entwickeln wollte, sind die brandenburgischen Strompreise aufgrund der EEG-Umlage heute die höchsten in ganz Deutschland. Der »Betonkrebs«, welcher den größten Teil der nach 1990 erneuerten Autobahnen in Ostdeutschland befallen hat und zur vorzeitigen Erneuerung zwingt, war kein Naturgesetz und kein göttlicher Wille. Er fußte auf der Missachtung von DDR-Forschungserkenntnissen, in denen vor der Mischung bestimmter Beton-Ausgangsstoffe ausdrücklich gewarnt wurde.

Verkehr auf der Schiene, auf dem Wasserweg

Beim ökologisch sinnvollen Ziel, Gütertransporte auf den Wasserwegen zu veranstalten, war die DDR vorbildlich – gemessen an der heutigen Lage wurde damals wurde ein Vielfaches auf dem Schiffsweg beziehungsweise mittels Eisenbahn transportiert. Was wir seither auf diesem Gebiet beobachten, ist ein Rückschritt auf der ganzen Linie.

Derweil wurden die Betriebe in Brandenburg im Durchschnitt immer kleiner, der Produktivitätsrückstand zum Westen blieb erhalten. Die Brandenburger arbeiteten statistisch am längsten und verdienten wenig. Die Landesregierung besaß lange Jahre die Frechheit, die niedrigen Löhne in der Eigenwerbung als Standortvorteil zu präsentieren. Angesichts eines durchschnittlichen Wirtschaftswachstums von einem Prozent im Jahr sagte Wirtschaftsminister Albrecht Gerber (SPD) noch 2016, er strebe »keine chinesischen Wachstumsraten« an.

Diese »Gefahr« bestand allerdings zu keinem Zeitpunkt. Wenn es für den Osten wirtschaftlich gut lief, konnte er in den Zuwachsraten mit den alten Ländern gleichziehen, in der Regel lagen sie aber darunter. Auf dem

Territorium Ost wurde eine Wirtschaftsstruktur entwickelt, die von krisenhaften Erscheinungen immer zuerst heimgesucht wird und von der Erholung immer zuletzt.

1998 legte der damalige Arbeits-Staatssekretär Clemens Appel die Ergebnisse einer Studie vor, in der der Frage nachgegangen wurde, warum die Produktivität brandenburgischer Unternehmen Jahre nach der Wende geringer ist und lediglich 60 Prozent des westdeutschen Durchschnitts erreicht. Der technische Standard war in der Regel der gleiche, auch die Auslastung der Anlagen unterschied sich im Branchenvergleich kaum, wurde bei einer Befragung von über 800 Betrieben ermittelt. Motivation und Fleiß der Angestellten seien in der Regel in Ostdeutschland höher als in vergleichbaren Westbetrieben.

Doch machten die unzureichenden Marktzugänge diese Vorteile wieder zunichte. Brandenburgische Unternehmen waren laut Studie oft nur ungenügend in der Lage, sich Absatzfelder zu erschließen. Während viel Kraft und Energie auf die Produktion verwandt wurde, blieben Marketing und Absatz auf der Strecke. Zwei Drittel der Waren wurden in einem Radius von 30 Kilometern abgesetzt, das heißt, andere Bundesländer oder gar das Ausland existieren für viele märkische Unternehmer als Absatzmarkt praktisch nicht.

Entscheidend für den Produktivitätsrückstand sei also weniger, dass Ost-Unternehmen geringere Leistungskennziffern hätten als vergleichbare Firmen im Westen Deutschlands. Den Ausschlag gibt, dass im Osten deutlich weniger Firmen in jenen Branchen existieren, für die eine hohe Wertschöpfung typisch ist. Solche mittelständischen Unternehmen finden hier keine Basis. Hinzu kamen die Dumpingpreise, zu denen Ost-Firmen oft gezwungen werden und die zusätzlich den Umfang der Wertschöpfung mindern.

Eine ostdeutsche Wirtschaft, die zu DDR-Zeiten weltweite Kontakte unterhielt und ausbauen konnte, war zu einem Reproduktionskörper der regionalen Genügsamkeit verkommen. Sozialökonomisch gesehen ist das – wir wiederholen es – Mittelalter.

Von einem selbsttragenden Aufschwung in Ostdeutschland spricht heute kein Mensch mehr, die neuen Länder sind und bleiben »Transfergebiet«. Sie werden auf unabsehbare Zeit am Tropf hängen.

Dreißig Jahre nach der Wende liegt auch hinter Brandenburg eine zehnjährige »Aufschwungphase«, dennoch ist dieses Bundesland gerade einmal dazu imstande, drei Viertel dessen zu erwirtschaften, was es als Land selbst verbraucht. Studien haben ermittelt, dass die Jugend des Landes für sich nicht eine Zukunft in der Wirtschaft sucht, sondern in der Verwaltung. Dort ist es nett und warm, dort stimmen die Gehälter, dort sind sie sicher, egal was oder ob überhaupt etwas vonstatten geht. Aufgrund des Gebärstreiks ostdeutscher Frauen nach 1990 stehen heute nur noch gut ein Drittel der Schulabgänger zur Verfügung. In dieser Lage müsste die Politik ihrer Verantwortung gerecht werden und auf der Basis ihrer gesicherten Position in der Schutzzone öffentlicher Dienst der Gesellschaft demonstrieren, wie man mit weniger Personal auskommt. Wie reagiert die Politik aber wirklich darauf? Alle ihre sinnvollen Personal-Einsparungspläne hat die SPD-LINKE-Landesregierung über den Haufen geworfen. Fast die Hälfte aller Schüler macht in Brandenburg Abitur, steht also für die regionale Wirtschaft nicht mehr zur Verfügung.

Das Resultat: In Brandenburg gibt es nur noch ein Drittel so viele Lehrlinge im Handwerk wie in den neunziger Jahren. 2018 waren rund 1500 Ausbildungsplätze allein in der brandenburgischen Pflege unbesetzt. So »erarbeitete« die Politik den Pflegenotstand im Land.

Die Arbeit kann uns lehren, sie lehrte uns die Kraft,
den Reichtum zu vermehren, der unsre Armut schafft.

Sozialistisches Arbeiterlied

Die kapitalistische Lektion

Massenarbeitslosigkeit als Gründungserfahrung

Die Veränderung der Umstände und die Selbstveränderung des Menschen hängen zusammen. Vor der Wende hatte die Reisefreiheit in der Werteskala des Ostdeutschen eine wesentlich höhere Bedeutung als der sichere Arbeitsplatz. Das änderte sich vergleichsweise schnell.

Durch die politische Entwicklung nach 1990 verloren rund 3 Millionen Menschen ihre Arbeit. Ein großer Teil von ihnen hat nie wieder eine Arbeitsstelle bekommen. Quasi über Nacht gingen in der Landwirtschaft Ostdeutschlands rund eine halbe Million Arbeitsplätze verloren. Das waren so viele, wie im westdeutschen Agrarbereich im Verlauf von drei Jahrzehnten abgebaut wurden. Stimmung und Atmosphäre luden sich entsprechend auf.

Die Massenarbeitslosigkeit war eine fürchterliche Gründungserfahrung. Unter ihrem Druck fand eine zuvor unbekannte Verrohung der Gesellschaft statt. Einstmals befreundete Kollegen wurden im Zuge von »Säuberungen« und Massenentlassungen zu Handlungen gegeneinander getrieben. Die vietnamesische Kollegin wurde im Streit um den Arbeitsplatz über Nacht zur Feindin, die mit widerwärtigsten Mitteln bekämpft wurde, der Nachbar im Wettlauf um den Hauskauf zum existenziellen Konkurrenten. Es war ein überall in den neuen Ländern aufgeführtes Schauspiel, in dem sich Menschen gegenseitig die Existenzgrundlage abgruben, von vermeintlich rettenden Brücken stießen. Darüber thronten eingezogene Westdeutsche, die ihre Hände in Unschuld wuschen und an bestimmten Leuten noch so lange festhielten, bis die soziale Drecksarbeit erledigt war. Das realistische filmische Bild dafür hat der Regisseur Andreas Dresen mit seinem Streifen »Als wir träumten« vorgelegt. Die allgemeine Verunsicherung ließ Rohheit, Besinnungslosigkeit und Gemeinheit wuchern. Eine teuflische Regie verstand es, in dieser aufgeheizten Stimmungslage SED-Funktionäre und IMs der Staatssicherheit als Sündenböcke zu präsentieren – für Dinge, die sie nicht verschuldet hatten. Die hatten zu büßen, was nach 1990 an sozialen Verwerfungen einsetzte, und wurden der entnervten, gedemütigten, ratlosen Bevölkerung gleichsam zum Fraß vorgeworfen.

Gesetzliche Festlegungen

Die Rechte und Pflichten eines berufstätigen DDR-Bürgers waren in einem eigens geschaffenen Arbeitsgesetzbuch geregelt, ein vergleichbares Gegenstück dazu gibt es in der heutigen Bundesrepublik nicht. Das Recht auf Arbeit war in der DDR kein unverbindliches »Staatsziel« wie in der heutigen brandenburgischen Verfassung, wo es eher eine täuschende Funktion ausübt, sondern es war ein tatsächliches Individualrecht, das in der Verfassung verankert war.

Die Gesetzeslage verpflichtete beispielsweise jede Institution, welche Menschen beschäftigte, ihnen zur Mittagszeit ein warmes und Wahlessen anzubieten. Auf eine solche Verpflichtung für »Arbeitgeber« lässt sich ein Staat wie der heutige nicht ein, dafür baut er den eigenen Staatsdienern auf Steuerkosten Gourmet-Tempel. Dort können sie ein – ebenfalls vom Steuerzahler gestütztes – Essen einnehmen, wenn sie »zu Tisch« sind, wie es dann immer am Telefon heißt.

Man mag ja die DDR-Eigenheit belächeln, für jede Wirtschaftsbranche einen eigenen Ehrentag eingeführt zu haben. Das war aber die Gelegenheit, auch solchen Menschen für ihre Lebensleitung, ihr Lebenswerk, zu danken, die nicht im Fernseh-Scheinwerferlicht gestanden haben. Die an dieser Stelle nach der »Wende« eingezogene Gleichgültigkeit den einfachen arbeitenden Menschen gegenüber ist der DDR-Situation jedenfalls nicht überlegen.

Der Ruf »keine Leute, keine Leute« hat die DDR zeit ihrer Existenz begleitet. Zwischen 1949 und 1961 waren über zwei Millionen Menschen nach Westdeutschland übergesiedelt – vor allem junge Menschen. An vielen Stellen fehlten die in der DDR. Dass dieser Ruf dreißig Jahre nach dem Beitritt nun wieder durch Ostdeutschland hallt, ist nur auf den ersten Blick widersinnig. So seltsam es klingt: Eine Massenarbeitslosigkeit in den Nachwendejahren, die alles überstieg, was dem Ostdeutschen zu DDR-Zeiten in seiner »Schule der sozialistischen Arbeit« ausgemalt worden war, ist der Grund auch dafür, dass es heute den Fachkräftemangel in Ostdeutschland so stark gibt wie nirgends sonst in Deutschland. Der heutige Arbeitskräftemangel geht also originär auf die

Massenarbeitslosigkeit der neunziger Jahre zurück. Denn sie sorgte dafür, dass nach 1990 eine ganze Generation die Koffer packen und ihre Heimat auf der Suche nach Arbeit verlassen musste. Deren Kinder fehlen heute im Osten. Die Schülerzahl ist auf 40 Prozent des Vorwendestandes gesunken. Fast die Hälfte legt ein wie auch immer geartetes Abitur ab, steht also in der Regel dem lokalen oder regionalen Ausbildungs- und Arbeitsmarkt nicht zur Verfügung. Wie soll sich angesichts dieser Voraussetzungen so etwas wie regionale Zukunftsfähigkeit herausbilden?

Bei der Lohnfestsetzung wurde seitens der DDR-Parteiführung streng darauf geachtet, dass der Mindestlohn nicht unter die Ebene von 50 Prozent des Durchschnittseinkommens fiel. Einkommens- und Preisstruktur hatten es auch den allermeisten alleinstehenden und alleinerziehenden Frauen gestattet, ohne Sozialhilfen auszukommen. Arbeit im Osten, das ist heute immer noch ein diskriminierender Vorgang. Nirgends wird länger und mehr gearbeitet und nirgends gibt es so wenig Geld dafür. Im Jahr 2007 hat das nominale Pro-Kopf-Einkommen je Einwohner im Deutschland-Schnitt bei 29 465 Euro gelegen, in den westdeutschen Ländern (ohne Berlin) bei 31 400 Euro und in den ostdeutschen Bundesländern einschließlich Berlin bei 21 810 Euro, teilte seinerzeit das Wirtschaftsministerium mit. Noch zwischen 1996 und 1997 fiel die Zahl der »ordentlich«, das heißt versicherungspflichtig Beschäftigten im Bundesland um 3 Prozent. Dagegen wuchs gleichzeitig der Anteil der 520-Mark-Jobs um 13 Prozent. Auf diese Weise waren ca. 38 000 Brandenburger oder 4 Prozent aller Arbeitnehmer »geringfügig Beschäftigte«.

Das in der DDR gültige Verhältnis von Einkommen und Kosten zum Lebensunterhalt sicherte auch Menschen, die nicht zu den Spitzenverdienern zählt, ein Leben außerhalb von Armut. Was sich nach der Wende millionenfach ereignete, dass Menschen selbst von ihrer Hände Arbeit nicht leben konnten und sich nach getaner Arbeit »Stütze« abholen mussten, war in der DDR undenkbar. Als nach der Jahrtausendwende die deprimierenden Arbeitslosenzahlen endlich zurückgingen, geschah das – wie gesehen – um den Preis, dass es viel zu wenige junge Menschen gab und ein Großteil der Verbliebenen in prekären Beschäftigungsverhältnissen steckten.

Ausländerpolitik

Die DDR wies eine Ausländer-Arbeitslosigkeit von null Prozent auf. Nach der Wende stellte sich eine Ausländer-Arbeitslosigkeit von 90 Prozent ein. Tatsächlich lässt sich die Ausländerpolitik der DDR (sie hatte neben dem Eigennutz das Ziel, Entwicklungsländern zu helfen) mit der Ausländerpolitik nach der Wende gut vergleichen, und dieser Vergleich wird in wichtigen Punkten zugunsten der DDR ausgehen. Vielleicht lässt sich begründet sagen, dass eine sinnvolle Ausländerpolitik (die des sozialistischen Staates) einer sinnlosen und riskanten Ausländerpolitik der BRD gewichen ist. Die nach 2015 ins Land drängenden Flüchtlinge stießen auf eine sozial gespaltene Gesellschaft, was einen vernünftigen und menschlichen Umgang mit ihnen stark erschwerte.

Die Bourgeoisie hat das Land der Herrschaft der Stadt unterworfen. Sie hat (...) einen bedeutenden Teil der Bevölkerung dem Idiotismus des Landlebens entrissen.

Karl Marx, Manifest der Kommunistischen Partei

Nicht nur die Wiesen und Felder ...

Zum »Idiotismus des Landlebens« zurückgekehrt

»Die Kinder von Golzow«: Es gibt wenige dokumentarische Zeugnisse, die so umfassend und ungeschminkt darlegen, was sich im dörflichen Bereich der DDR wirklich abgespielt hat, und die den Abstand zu den heutigen Zuständen in diesen Regionen Ostdeutschlands ermessen lassen. Diese längste Dokumentation der Filmgeschichte begleitet eine erste Kinderklasse von 1960 bis in die Jahre nach der Wende hinein. Sie zeigt, dass es in diesem ostdeutschen Staat noch eine andere Wirklichkeit gegeben hat als die der Berliner und Dresdner Szenekneipen. 2016 wurde bekannt, dass die legendäre Dorfschule in Golzow nur deshalb nicht wegen Unterbelegung geschlossen wurde, weil Flüchtlingskinder die Lücken in den Klassenzimmern auffüllten.

Als die Enquetekommission zur Aufarbeitung der Aufarbeitung in Brandenburg 2012 beim Thema Landwirtschaft angelangt war, erhielt ein Berliner Professor Rederecht, der als Einziger nicht »Filz«, »rote Barone«,

»alte Seilschaften« oder ähnliches in den Mittelpunkt seines Gutachtens stellte, sondern die tatsächliche Entwicklung der brandenburgischen Landwirtschaft nach 1990 bei den Feldfrüchten, in der Tierhaltung und in der Eigentumsstruktur.

Statt der verheißenen »blühenden Landschaften« hat demnach infolge der politischen Wende in der DDR und unter marktwirtschaftlichen (kapitalistischen) Vorzeichen eine beispiellose Verödung auf Brandenburgs Agrarflächen stattgefunden. Inzwischen dominieren Monokulturen wie Mais und Raps, stellte der Wissenschaftler fest.

Zu DDR-Zeiten seien Artenvielfalt und Sortenspektrum »beträchtlich erweitert« worden, heißt es in seiner Zusammenfassung. »Auf vielseitig nutzbaren Böden kamen örtlich 20 und mehr Fruchtarten zum Anbau.« Nach 1990 habe eine »drastische Verringerung« stattgefunden. Das führte der Professor auf »unablässig steigende Verbraucherwünsche«, Anforderungen der Lebensmittelindustrie und eine Industrie zurück, die Biomasse verarbeite. Seit 1995 stagniere der Ertragszuwachs unter anderem infolge von Kosteneinsparungen, fährt sein Gutachten fort. Auch die massive Reduzierung der Viehbestände auf die Hälfte in Brandenburg sei Ausdruck einer Entwicklung, die keineswegs zugunsten der heimischen Landwirte verlaufe.

Damit einhergegangen sei die Verlagerung höherer Veredlung landwirtschaftlicher Produkte auf Standorte außerhalb des Bundeslandes, was die Ausschöpfung sowohl von Produktionspotenzialen als auch bei den Beschäftigungsmöglichkeiten verringert habe.

Der Gutachter warnte darüber hinaus vor einer zunehmenden Konzentration der Agrarflächen in den Händen von »Nichtlandwirten«. »Kapitalanlage, Rentenabschöpfung und Spekulationszwecke treten als wirtschaftliche Ziele immer mehr in Erscheinung.« Begleitet würden diese Prozesse von einem »hohen Flächenentzug durch Bebauung und Versiegelung«. Die derzeit geltenden gesetzlichen Genehmigungsregelungen würden der Tendenz des spekulativen Bodenerwerbs »nicht hinreichend entgegenwirken«, hält sein Gutachten fest. Die LINKEN-Landtagsabgeordnete Anke Schwarzenberg nannte die heutigen »Preise zu hoch, um sie später zu erwirtschaften«. Der Hektar Ackerland war Anfang der neunziger Jahre für 3500 D-Mark zu haben, zwanzig Jahre später kostete er 15 000 Euro.

Der Hintergrund für das hohe Interesse dieser Abrechnungs-Enquetekommission am Agrarbereich: Während die DDR-Volkswirtschaft bei Technologie und Produktivität gegenüber der Bundesrepublik einen deutlichen Rückstand aufgewiesen hatte, war es im Agrarbereich anders. Hier konnte der ostdeutsche Staat mit der Bundesrepublik gleichziehen. Das allein hätte seinen Agrarsektor aber im Zuge der Wende noch nicht gerettet. Weil das Eigentum der DDR-Landwirtschaft jedoch ein genossenschaftliches war, geriet es nicht in die Fänge der Treuhand-Anstalt. Volkseigentum war im bürgerlichen Recht unbekannt, es konnte daher problemlos vernichtet werden, und so ist es in den wichtigsten Wirtschaftszweigen auch geschehen. Dagegen kennt das Recht der Bundesrepublik auch die Genossenschaft. Die Landwirtschaft war demnach das einzige bedeutende Feld der DDR-Wirtschaft, in dem nach 1990 die Enteignung der Ostdeutschen nicht ohne weiteres bewerkstelligt werden konnte. Effektive Strukturen (und nicht etwa unproblematische, wie sich in den Folgejahren zeigte) haben sich auf der genossenschaftlichen Basis nach 1990 gehalten und entwickelt. Aus all diesen Gründen ist dieses Feld gleichzeitig ein Kampffeld und Angriffsziel derer, die den Gedanken nicht ertragen können, dass es neben den vielen großen Industriezentren auch mit der Landwirtschaft ein erfolgreiches DDR-Erbe in Brandenburg gegeben hat. Keineswegs sind die Ergebnisse der Genossenschaften, die sich in der ostdeutschen Landwirtschaft behauptet haben, ausschließlich glänzende, doch hängt das eben nicht mit ihrem inneren Aufbau als Genossenschaft zusammen, sondern mit dem kapitalistischen und Markt-Umfeld, in das sie nach 1990 geraten sind.

Am weitesten gingen in ihrer Kritik an den Entwicklungen im ostdeutschen Agrarsektor zwei nordostdeutsche Wissenschaftler. Nach deren Vorstellungen sollte die genossenschaftlich betriebene Landwirtschaft als »Agrarindustrie« gar nicht mehr als Landwirtschaft betrachtet, sondern analytisch und statistisch von der Landwirtschaft getrennt werden. Nach diesen Maßstäben dürfte man die extrem industrialisierte US-amerikanische, holländische, kanadische und australische Feldbewirtschaftung ebenfalls nicht mehr mit dem Begriff »Landwirtschaft« belegen.

Kurzerhand das Bauernland

Ein unfassbarer, sich auf ganz Brandenburg erstreckender Versuch des Vermögensentzuges kam in der Aufarbeitungs-Enquetekommission übrigens gar nicht erst zur Sprache. Denn massive Anschläge auf das Eigentum Ostdeutscher in der Landwirtschaft hat es nach 1990 dennoch gegeben. Parallel zur Sitzung der Enquetekommission demonstrieren vor dem Landtag Landbesitzer, die ihr Recht auf das einst ihnen beziehungsweise ihre Vorfahren gehörenden Bodenreformland geltend machen wollten. Rund zehntausend dieser Erben von Bodenreformland waren nach der Wende von der brandenburgischen Landesregierung enteignet und ihres Landes beraubt worden. Als dieser schließlich gerichtlich gestoppte Prozess stattfand, waren die beiden zuständigen und verantwortlichen Ministerien, das Innen- und das Justizministerium, in der Hand der CDU. Diese rechtswidrige Maßnahme mit schwerwiegendsten Folgen stand auch im Widerspruch zu einem der letzten DDR-Gesetze, in dem die Rückgabe des Bodenreformlandes an die Erben der einstigen Nachkriegsbauern festgelegt worden war (Modrow-Gesetze). Später erklärte die Landesregierung, die rechtmäßigen Erben aktiv und auf eigene Kosten suchen zu lassen und ihnen ihr Eigentum zurückzugeben.

Seit 1990 bemüht sich Ostdeutschland um die Lösung von Problemen, die es ohne die Wende nicht gehabt hätte. 2014 sah sich der brandenburgische Landtag zur Bildung einer weiteren Enquetekommission gezwungen, einer, die sich mit dem ländlichen Raum befasste. Tendenzen der Verödung, der Entleerung, des Abgeschnittenseins waren unübersehbar, es galt, Strategien zu finden, wie das Leben in diesem größten Teil Brandenburgs insofern verfassungskonform zu gestalten sei, dass es eine Gleichwertigkeit der Umstände mit denen in den stärker begünstigten Landesteilen gestattet.

Die ländlichen Regionen waren zu DDR-Zeiten geprägt von der Existenz von Arbeitsplätzen, von Bus- und

Eisenbahnanschlüssen, Verkaufs- und Poststellen, Dorf-
kneipen, Gemeindezentren, Bibliotheken, Jugendklubs
und Kindergärten – alles Dinge, die es heute großen-
oder sogar größtenteils dort nicht mehr gibt. Für die Ge-
nossenschaftsbauern galt das Arbeitsgesetzbuch, die für
den Kapitalismus typische Selbstausbeutung des kleinen
Landwirts war Geschichte. Die Strukturen der landwirt-
schaftlichen Produktionsgenossenschaften, später der Kooperativen Abteilungen, gestatteten ein beachtliches Maß
an Versorgung und Betreuung. Die industrielle Bearbeitung ermöglichte einen Technikeinsatz auf hohem Niveau
(Agrarflieger). Großflächig fand in Trockenphasen die
Beregnung statt. Wissenschaftliche Einrichtungen waren
mit den Produktionseinheiten eng vernetzt, was Ideen
und neuen Verfahren in der Landwirtschaft Tür und Tor
öffnete. Starke landwirtschaftliche Betriebe waren an der
polytechnischen Ausbildung der Schulkinder beteiligt. Es
existierte, was es nach der Wende so vielfach nicht mehr
gab: ein vielseitiges gesellschaftliches Leben. Der »Idiotismus des Landlebens«, von dem Karl Marx im Manifest
der Kommunistischen Partei schrieb, war in wesentlichen
Punkten überwunden – und zwar auf dem Land selbst
und nicht deswegen, weil Menschen dieses Land verließen.

Zwischen 1990 und 1991 verloren Hunderttausende
Menschen ihre Arbeit im ländlichen Bereich Ostdeutschlands. Vor allem Genossenschaftsbäuerinnen waren hier
die Leidtragenden. Immerhin hatten diese Frauen aufgrund ihres DDR-Beschäftigungsverhältnisses einen gesetzlichen Rentenanspruch erworben, was sie von der
großen Mehrheit der »mithelfenden Ehefrauen« in der
bundesdeutschen Landwirtschaft unterschied. Weil die
meisten der einst auf dem Lande Beschäftigten in den

neuen Ländern dort nicht mehr arbeiten, das heißt leben konnten, sahen sie sich gezwungen, wegzuziehen. Betuchte Westdeutsche konnten so verhältnismäßig billig Grundstücke erwerben.

Auf dem Holzweg

Holz war zu DDR-Zeiten ein hohes, ein seltenes Gut, penibel und nachhaltig wurde der »nachwachsende Rohstoff« verwertet. Zu den Kindheitsbildern gehören die Harz-Näpfe an den »Einschlagskandidaten«. Gemessen an den Verhältnissen zu DDR-Zeiten wird der Wald in Brandenburg heute geradezu geplündert. Zum Einsatz kommen zudem viel schwerere LKW als damals – ein bedeutendes ökologisches Problem. Während 1990 dem brandenburgischen Wald rund 1 Million Kubikmeter Holz entnommen wurden, sind es aktuell 5 Millionen Kubikmeter jährlich, teilte Brandenburgs Agrarministerium 2014 mit. Weil es inzwischen rund 100 000 private Waldbesitzer gibt, hat auch »die Befahrintensität der Waldwege durch Pkw zugenommen«. 2018 empfahl der Brandenburgische Landesrechnungshof, die Landeseinnahmen noch zu steigern, indem mehr Holz aus dem Landeswald »geerntet« und verkauft würde.

Das aber war eine Botschaft aus sozusagen geordneten Tagen. Kurz nach der Wende bildeten Ostdeutschlands Wälder die Bühne für eine Art Wildwest. Denn der Wald war so billig, dass es sich lohnte, ihn nach dem Kauf schlicht auszuweiden und dann sich einfach selbst zu überlassen. Vielerorts glichen die Wälder danach einem Gebiss, in dem jeder dritte Zahn fehlt.

Unzuträgliche Wilddichte

Ein zu DDR-Zeiten unbekanntes Problem stellt heute die Überpopulation der Wälder mit Wild dar. Während einst die LPG-Genossenschaften in den Dörfern oft gleichzeitig auch die Jagdkollektive formierten, ist der demografische Wandel und der massive Wegzug junger Menschen an ihnen nicht spurlos vorübergegangen. In Abständen fordert das Land Brandenburg seine Jäger auf, mehr Wild zu schießen. Die tun vermutlich auch was sie können. Aber es reicht eben nicht. Die Folge war eine atemberaubende Vermehrung des Wildes. Nun ruht die Hoffnung auf dem Wolf. Er soll das Gleichgewicht wiederherstellen. Dass er sich angesichts eines Überangebotes in den Wäldern gelegentlich an Schafen und Ziegen gütlich tut, stößt auf Unverständnis.

Der steilste Absturz wurde im Jagdjahr 2013/14 registriert. Danach kamen im Land Brandenburg insgesamt 160 032 Stück Schalenwild zur Strecke, sechs Prozent weniger als im Jahr zuvor. Die Rotwildstrecke betrug 9936 Stück, 28 Stück Rotwild weniger als im Vorjahr. Die Damwildstrecke sank gegenüber dem Jagdjahr 2012/13 um zehn Prozent und erreichte 12 986 Stück. Das letzte Jagdjahr erbrachte eine Strecke von landesweit 750 Mufflons, nur ein Stück weniger als im Vorjahr. Um ein Prozent sank die Strecke beim Rehwild. Insgesamt konnten 73 106 Rehe in Brandenburg gestreckt werden. Das Rehwild hat den höchsten Anteil an der Schalenwildstrecke. Überfahrene Rehe haben einen Anteil von acht Prozent an der Rehwildstrecke des Landes. Die Schwarzwildstrecke umfasste 2013/14 insgesamt 63 254 Stück – zwölf Prozent weniger als im Vorjahr.

Neuanpflanzungen nur noch eingezäunt

Für die Waldbewirtschaftung wirft die Überpopulation ernste Fragen auf, denn Neuanpflanzungen (Schonungen) werden deswegen regelmäßig kahlgefressen. Praktisch überall wurden Schonungen und Neuanpflanzungen von der Überzahl an Wildtieren schwer geschädigt oder sogar vernichtet, viel Arbeit und Mühe war umsonst. Nicht nur das Wegfressen von Nachwuchs-Bäumen stellt ein Problem dar, das Wild »wildert« in der Landwirtschaft und treibt sich seit einigen Jahren ganz ungeniert auch im urbanen Bereich, das heißt in den Städten, herum. Millionen muss das Land Jahr für Jahr aufwenden, um im Landeswald Neuanpflanzungen (Jungschonungen, die angestrebte Waldverjüngung eben) einzuzäunen und so vor den hungrigen Mäulern der zahlreichen Tiere zu schützen. Die eingezäunte Waldfläche wuchs in den zehn Jahren zwischen 2004 und 2014 von 28 000 Hektar auf 40 000 Hektar, um überhaupt etwas zu retten.

Die Landesregierung kündigte den Waldbesitzern vor einigen Jahren an, das Einzäunen nicht mehr zu fördern, und sie gab weiterhin bekannt, es in den Landeswäldern zu beenden. Vielmehr müsse die Forstpolitik dazu übergehen, die Bestände vor allen an Rehwild so zu reduzieren, dass sich die leidigen Verbissschäden auch ohne die teuren Schutzzäune in Grenzen halten. Sie wollte noch einmal die Jäger ermuntern, beim Nachstellen nicht nachlässig zu sein. Damit würde allerdings etwas gelingen, was in den vergangenen achtundzwanzig Jahren nicht gelungen ist. Ob es was gebracht hat, weiß der Fuchs.

Krebsgang bei der Freiwilligen Feuerwehr

Ein weiterer Kollateralschaden der demografischen Entwicklung ist die nach 1990 einsetzende zunehmende Schwierigkeit, die Freiwillige Feuerwehr flächendeckend einsatzbereit zu halten. Zwar sind nach den Anglern und den Sportlern die Feuerwehren die größte »Volksbewegung« im Land Brandenburg, doch werden sie zunehmend kleiner. Weil tagsüber viele Kameraden darüber hinaus gar nicht mehr in Wohnnähe arbeiten, sind sie im Alarmfall auch nicht zu Stelle.

»Frauen und Kinder zuerst« heißt es angeblich im Katastrophenfall. Doch obwohl Frauen und auch Jugendliche ausdrücklich ermuntert werden, der Feuerwehr beizutreten, hält anscheinend nichts den Rückgang beim Brandlösch-Personal auf.

Der brandenburgischen Feuerwehr droht schlicht die personelle Austrocknung. Zwischen 2010 und 2015 hatte sich die Zahl der Aktiven von rund 45 000 auf 39 300 verringert, sagte der Vorsitzende des Landes-Feuerwehrverbandes Werner-Siegwart Schippel im Potsdamer Landtagsgebäude. Zur Jahrtausendwende waren es noch deutlich über 50 000. Die Prognosen gehen von einem Verlust von weiteren ca. 5000 Kameraden aus, fügte Schippel hinzu. Zwar gelinge es, im Jahr etwa 2000 Kinder und Jugendliche für die Jugendfeuerwehren zu begeistern, doch wechseln von zehn Angehörigen der Jugendfeuerwehren im Durchschnitt nur drei in die regulären Wehren der Erwachsenen. Hier sei auch im Vergleich mit anderen Bundesländern noch aufzuholen.

Angesichts der Entleerung ganzer Landstriche wird es für die Feuerwehr schwierig, genügend Personal zusammenzubekommen. Im Demografiebericht der Landesregierung heißt es: »Inzwischen ist bereits jede siebente Feuerwehreinsatzkraft eine Frau.«

Auf weniger Wehren warte »eine nicht nachlassende Zahl von immerhin rund 7000 Brandereignissen«. Hinzu käme noch eine Vielzahl von weiteren Einsatzgründen. Die vier kreisfreien Städte im Land – Potsdam, Frankfurt (Oder), Cottbus und Brandenburg/Havel sowie als einziger der Landkreis Barnim – leisten sich noch eine Berufsfeuerwehr. Die wurde nach 2010 sogar personell aufgerüstet. Doch macht sich eine wachsende Lücke vor allem dort bemerkbar, wo das Problem schon immer bestand: auf dem flachen Land. Rund 90 Prozent der Fläche Brandenburgs werden mit ehrenamtlichen Kräften abgedeckt, sind also Einsatzgebiet der Freiwilligen Feuerwehr. Noch unter Innenminister Jörg Schönbohm (CDU) wurden sogenannte Stützpunktfeuerwehren gebildet, auf dass die Sicherheit bestünde, dass überhaupt etwas losfährt, wenn's brennt. Allerdings waren die so selten, dass der Weg zum Brandherd gegebenenfalls ein überlanger war.

Artenvielfalt geht rasant zurück

Bass erstaunt nahmen die Fachleute im Westen nach der Wende zur Kenntnis, was sie der grauen, schmutzigen, vergifteten DDR nun zu allerletzt zugetraut hätten: Dass die Vielfalt an Tier- und Pflanzenarten in den neuen Ländern viel größer war als in der alten Bundesrepublik. Was für den urbanen Raum galt, das galt auch für die Natur: Die DDR war räudig, aber lebendig. Die Bundesrepublik war schön – aber tot. Wohl um das schlechte Gewissen zu beruhigen, verfuhr die Politik äußerst großzügig, was die Schutzzonenausweisung betraf. Zwei Drittel der deutschen Schutzgebiete liegen heute auf den Territorien der neuen Länder.

Jahrzehnte später stellten sich die Dinge dennoch deprimierend anders dar. Angesichts des messbar zurückgegangenen natürlichen Reichtums, schlug die damalige Umweltministerin Anita Tack (LINKE) 2010 Alarm: Es sei im Bundesland wie in Europa insgesamt nicht gelungen, den Artenschwund zu stoppen.

Die Bilanz des Artenschutzes seit der Wende ist im Bundesland Brandenburg zwiespältig, wobei die negativen Entwicklungen deutlich überwiegen. Ein in den alten Ländern längst ausgestorbene Vogelart, die Großtrappe, konnte in Brandenburg – unter anderem durch wirksame und teure Baumaßnahmen – gerettet werden, inzwischen gibt es mit 140 Tieren wieder etwa so viele wie vor der Wende. Auch dem Biber seien die Schutzmaßnahmen gut bekommen, es leben jetzt wieder zwischen 2500 und 3000 Exemplare in Brandenburg, wo er schon einmal praktisch ausgestorben war. Übrigens entwickelt sich der Biber nicht unbedingt zur Freude von Landwirten und Deichbauern so prächtig, die um die Früchte ihrer Arbeit fürchten.

Auch andere, einst geschützte Tierarten haben sich so weit wieder erholt, dass ihr Schutzstatus auf der Roten Liste der bedrohten Arten verringert wurde. Zwischen 1992 und 2004 konnten 15 Arten von Reptilien/Amphibien in ihrem Bedrohungsstatus zurückgestuft werden, weil sich ihre Bestände im Bundesland wieder erholt haben. Das traf ferner für 25 Fischarten und 64 Vogelarten zu. Die Bestände von Kranich, Seeadler und Fischadler entwickelten sich gut. Nicht zuletzt durch die Arbeit der

Naturwacht war es gelungen, die Bestände bei Lach- und Schwarzkopfmöwen sowie verschiedenen Fledermausarten zu stabilisieren. Auch der Wolf tritt wieder auf. Gemeinsam mit dem Elch ist er inzwischen wieder so etwas wie heimisch geworden in den sich entleerenden Weiten des Bundeslandes. Bei verschiedenen punktuellen Erfolgen kann jedoch nicht übersehen werden, dass sowohl in Fauna als auch in Flora die Vielfalt immer weiter abnimmt, räumen die Naturschützer ein. Das europäische Ziel, den Artenrückgang zu stoppen, sei wie nahezu überall auch in Brandenburg nicht erreicht worden. Nur 10 Prozent der Tier- und Pflanzenarten in Brandenburg gelten als wirklich stabil.

Den positiven Tendenzen stehen herbe Verluste vor allem bei Wiesenbrütern gegenüber. Rebhuhn, Uferschnepfe, Brachvogel und Steinschmätzer sind inzwischen vom Aussterben bedroht. Alarmierend der Rückgang bei Kiebitz, Feldlerche und Feldsperling. Den Lurchen geht es kaum besser. 2014 mussten auch 41 Vogelarten in der Gefährdungskategorie hochgestuft werden. Die eingewanderten Waschbären, Nutrias und Marderhunde bedrohen die traditionellen Bodenbrüter stark. Heimische Orchideenarten werden durch die Landwirtschaft beseitigt. Klatschmohn, Kornblumen haben nur noch Seltenheitswert.

»Wir schauen immer nach den großen Arten und freuen uns, dass die Zahl der Seeadler zugenommen hat«, sagte ein Grünen-Abgeordneter einmal im Landtagsgebäude. »Dabei übersehen wir leicht, dass die kleinen Vögel verloren gehen.« Er legte eine beeindruckende Liste von Vogelarten vor, bei denen seit 1995 ein zum Teil deutlicher Rückgang der Population zu beobachten war und nannte die Feldlerche, den Wiesenpieper, den Sumpfrohrsänger, den Neuntöter, den Bluthänfling. Diese zum Teil bestürzende Entwicklung führte er auf die »industrialisierte Landwirtschaft« und die Veränderungen im Wasserhaushalt zurück.

Von einem »dramatischen Rückgang« bei Insekten berichtete ein Abteilungsleiter im Umweltministerium. Gefürchtet wird auch um die Honigbiene, die angesichts des überbordenden Pestizideinsatzes vor die Hunde geht.

Das Problem: Mit »nachwachsenden Rohstoffen« wird heutzutage jede Menge Geld verdient, diese Monokultur (Mais, Raps) setzt den Vogelarten gewaltig zu, die nun kein Stoppelfeld mehr finden. Binnen weniger Jahre wuchs die Mais-Anbaufläche in Brandenburg von 7 Prozent der Fläche auf 19 Prozent an. Früher blieben bis zu 14 Prozent der brandenburgischen Ackerfläche unbearbeitet, weil sich der Anbau auf »Restflächen« nicht lohnte. Hier war frohes Brehmsches Tierleben zu beobachten. Nach 1997 reduzierten sich die »Brach- und Stilllegungsflächen« durch den Anbau von »Energiepflanzen« massiv, was vor allem den Bodenbrütern sozusagen den Boden entzogen hat. Diese einstigen Grünland-Flächen unterliegen inzwischen einer intensiven Bearbeitung, womit weitere Rückzugsgebiete für Tiere verschwinden.

Als zusätzlichen Grund führte die damalige Ministerin Tack Industrie-, vor allem jedoch die Verkehrsentwicklung an. Seit der Wende hat sich der Fahrzeugbestand in Brandenburg verzehnfacht. Autobahnen seien unter ökologischem Aspekt »Totalbarrieren« für die Tierwelt, sie würden »Lebensräume zerschneiden«. Düngemitteleinsatz sowie der von Insektiziden würden den Böden weiter zusetzen.

Die Monokulturen, wie sie im Zusammenhang mit der Energiewende die Felder zu dominieren begannen, tragen nach Auffassung eines Teils der Fachleute zu einem Insektensterben bei, was das Vogelsterben nach sich ziehe. Die in Brandenburg beheimatete Heinz-Sielmann-Stiftung teilte dazu mit, dass durch die Monokultur von Energiepflanzen wie Mais und Raps 80 Prozent der Insekten keine Lebensgrundlage mehr besitzen. Der Geschäftsführende Vorstand Michael Baier bedauerte, dass viele Vogelarten »auf Nimmerwiedersehen« verschwunden seien. »Deutschland verstummt, es gibt immer weniger Vögel.«

Auf Nachfrage erklärte ein anderer Grünen-Abgeordneter im Potsdamer Landtag, auch zu DDR-Zeiten habe es eine industrialisierte Landwirtschaft gegeben, doch sei sie offenbar »weniger intensiv« betrieben worden. Auch der Einsatz von Düngemitteln und Pestiziden sei längst nicht im heutigen Umfang erfolgt, »was wohl eine Devisenfrage gewesen ist«. Obwohl die DDR-Landwirtschaft »bei weitem keine Öko-Landwirtschaft gewesen« sei, hätten damals Feld- und Wiesenraine bestanden und die Tierwelt habe »bessere Bestände« aufgewiesen als die der alten Bundesrepublik.

Architektur – das ist gefrorene Musik
Gelegentlich angezweifelte Weisheit

Bauboom und Wohnungsnot

Die Baupolitik in Ostdeutschland war seit der Wende
nicht zuletzt Abrisspolitik

Als sich der langjährige Oberbürgermeister von Potsdam, Jann Jakobs (SPD), im Herbst 2018 von dieser Funktion und damit auch von der Präsidentschaft des Städte- und Gemeindebundes verabschiedete, trat er noch einmal vor die Journalisten. Ausführlich schilderte Jakobs, wie angesichts der Situation jetzt der soziale Wohnungsbau ein Gebot der Stunde sei. Ich meldete mich und sagte: »Herr Jakobs, die letzte Partei, die sich in dieser Stadt mit dem Neubau von Sozialwohnungen befasst hat, war die SED.« Und ich erkundigte mich, ob er nicht in seiner eigenen Zeit als OB da Versäumnisse bekennen müsse.

Auf eine kleine Anfrage der CDU im Stadtparlament hatte die Stadtregierung einige Jahre zuvor bekanntgegeben, dass in den zweieinhalb Jahrzehnten seit der Wende lediglich ein paar Dutzend Sozialwohnungen in Potsdam gebaut worden waren. Zum Vergleich die DDR-Bilanz: Allein im Jahr des Zusammenbruchs, also 1989, waren allein in Potsdam knapp 1000 neu gebaute – und bezahlbare – Wohnungen an die Mieter übergeben worden. Das Wohnungsbaukombinat Potsdam war danach Geschichte und das DDR-Wohnungsbauprogramm ebenfalls.

Nach 2017 strebte die Stadtregierung einen zwanzigprozentigen Anteil von Sozialwohnungen bei Neubauten an. Real erreicht wurden im – vorwiegend privaten – Wohnungsbau mit Ach und Krach 10 Prozent. Es gibt derzeit keine Aussicht, dass ein seit Jahrzehnten ignoriertes Problem kraftvoll gelöst werden könnte, auch wenn die Landesregierung für die Mietpreisbindung von ein paar Tausend Wohnungen im Land Fördermittel anbietet.

Ähnlich sah es in den anderen großen Städten Ostdeutschlands aus. Wie lautet die Wahrheit in diesem Punkt? In Potsdam wurden bis 1990 neue Wohnungen für einfache Menschen gebaut, seitdem wurden viele Wohnungen für reiche Menschen neu gebaut. Gerechterweise muss hinzugefügt werden, dass der Bestand an Plattenbauwohnungen in Potsdam nach 1990 saniert und modernisiert worden ist.

Natürlich wird mir bei solchen Gelegenheiten entgegengehalten, dass die Baupolitik der DDR mit einer Vernachlässigung weiter historischer Stadtquartiere einhergegangen war. Das ist nicht zu bestreiten und auch nicht unwichtig. Einigen wir uns auf folgende Formel: Was den Erhalt von älterer Wohnsubstanz betrifft, hat die DDR ihre Aufgaben nicht erfüllt, was den Neubau von Sozialwohnungen betrifft, hat sie sie erfüllt.

Zu DDR-Zeiten lebten die sozialen Schichten nebeneinander, vielfach gemeinsam unter einem Dach. Nach 1990 setzte die Entmischung und Entflechtung ein, als gehorche dies einem Naturgesetz. Heute wohnen Arme neben Armen und Reiche neben Reichen. Neue Zeiten sind angebrochen, die sehr alt aussehen.

Aber auch historische Bausubstanz war nach 1990 in bestimmten Bereichen stärker bedroht als davor. Das galt weniger für die Innenstädte als vielmehr für den ländlichen Bereich. Schlösser und Herrenhäuser auf dem Lande wurden zu DDR-Zeiten genutzt, so als Gemeindeämter, Sanatorien, Altenheime, Kindergärten, Bibliotheken und anderes. Man sollte sich von der Qualität der damit verbundenen baulichen Pflege keine übertriebenen Vorstellungen machen, aber diese Gebäude wurden immer noch geheizt, repariert, in engen Grenzen instandgesetzt. In der Regel endete das alles schlagartig mit dem Beitritt der DDR zum Geltungsbereich des westdeutschen Grundgesetzes, diese Gebäude wurden umgehend fast alle freigezogen. Mit der Folge, dass ihr wirklicher Verfall rasant einsetzte, damit waren sie tatsächlich gefährdet. Jahrelang kümmerte sich niemand um sie. Wind, Wetter und Jahreszeiten taten das ihre. Mitte der neunziger Jahre gingen die Behörden davon aus, dass sowohl in Brandenburg als auch in Mecklenburg-Vorpommern mehrere hundert Schlösser und Herrenhäuser nicht mehr zu retten seien. Möglicherweise hat die Finanzkrise und das in ihrem Zuge angeregte Streben, Geld in Grundbesitz anzulegen, dem weiteren Verfall entgegengewirkt.

Der ostdeutsche Bauboom nach der Wende hat den ostdeutschen Bauboom vor der Wende abgelöst. Indessen: Das Baugeschehen nach 1990 in Ostdeutschland trug allerdings in weiten Teilen den Charakter eines Abrisses. Allein im Land Brandenburg wurden über 70 000 Wohnungen »vom Markt genommen«, wie das Abrissbirnenunternehmen gigantischen Ausmaßes umschrieben wurde. Das war ein äußerliches, ein sichtbares Zeichen dafür, in welchem Maße sich die wirtschaftliche Entwicklung aus den Territorien des Landes zurückgezogen hatte. Dort, wo es keine Arbeit mehr gab, wollten und konnten die Menschen auch nicht mehr zu Hause sein. Die drei großen Städte Brandenburgs Cottbus, Frankfurt (Oder) und Brandenburg/Havel waren von extremem Wegzug geplagt, dort wohnen – grob betrachtet – nur noch halb so viele Menschen wie zu DDR-Zeiten. Die Landeshauptstadt Potsdam war von dieser Entwicklung nicht betroffen und praktisch auch nicht der sogenannte Speckgürtel um Berlin. Hier wurden die vergangenen dreißig Jahre als Entwicklungsschub erlebt. Auch und vor allem baulich wird die Zweiteilung des Landes sichtbar. Inzwischen mobilisieren Randberliner Gemeinden ihre Abwehrkräfte gegen den weiteren Zuzug aus dem boomenden Berlin, den sie als Zerstörung ihrer halbländlichen Idylle empfinden. Hundert Jahre nach der Bildung von Groß-Berlin wiederholt sich nun Geschichte. So legendär wie vergeblich war der Spruch, mit dem sich Spandau gegen die Vereinnahmung durch den Moloch Berlin zur Wehr setzte: »Es schütze uns des Kaisers Hand vor Groß-Berlin und Zweckverband.«

Kirche gegen Interhotel

Im Herbst 2018 lud Brandenburgs Kulturministerin Martina Münch (SPD) zu einer Pressekonferenz, die dem hundertjährigen Bauhaus-Jubiläum gewidmet war. Landeskonservator Thomas Drachenberg rief bei dieser Gelegenheit dazu auf, den Mut aufzubringen und die bauliche Moderne zu schützen. Ich wies darauf hin, dass gerade in Potsdam, das heißt in der Stadt, in welcher die Pressekonferenz stattfand, die DDR-Moderne nun geschleift wird, was das Zeug hält. Wenige Wochen zuvor war die Potsdamer Fachhochschule im Stadtzentrum bis auf die

Grundmauern zerstört worden. Gefallen war das »Haus des Reisens«, das Todesurteil unterzeichnet war für das Rechenzentrum aus den siebziger Jahren. Stark angefeindet ist die architektonische Dominante Hotel »Mercure« (einst Interhotel der DDR).

Als in der brandenburgischen Landeshauptstadt Potsdam das neue Landtagsschloss eröffnet wurde, hatte Architekt Peter Kulka eine Pressekonferenzfrage zur Nachbarschaft zu bestehen: Ob das nebenstehende Hotel »Mercure«, der Potsdam überragende Plattenbau, das neu-alte Stadtschloss tatsächlich beeinträchtige, wurde er gefragt. »Eigentlich nicht«, lautete die Entgegnung des Architekten. Nirgends in den Medien – abgesehen vom *Neuen Deutschland* – fand sich dieser Satz wieder.

Irgendwann haben jene Potsdamer, die im »Mercure« ein Nachkriegssymbol für den Weg »Auferstanden aus Ruinen« sehen, unerwartet Beistand bekommen. Der einstige Ministerpräsident Manfred Stolpe, selbst bekennender Preußenfan, hat den damaligen und eingangs erwähnten Oberbürgermeister Jann Jakobs (beide SPD) vor einem »vorschnellen« Abriss des DDR-Hochhauses in der Innenstadt gewarnt. Er habe den Eindruck, dass der Plattenbau »jetzt aus ideologischen und ästhetischen Gründen weg soll«, sagte Stolpe im Interview mit den lokalen »Potsdamer Neusten Nachrichten«.

Es sei wohl einfach so, dass »da ein Betonklotz im Wege steht, unter dem das Panorama leidet«, mutmaßte Stolpe. Die Auswirkungen auf Arbeitsplätze in dem Hotel und die Stimmungslage in Potsdam spielten eine zu geringe Rolle. Stolpe empfahl dem Betreiber des Hotels »Mercure«, Schadensersatzklage gegen die Landeshauptstadt einzureichen.

Bei einem architektonischen Stadtspaziergang mit einem der Errichter des Nachkriegs-Potsdams, dem Architekten Wolfgang Kärgel, wies er mich auf einen Unterschied der heutigen Gepflogenheiten zu DDR-Bauvorschriften hin. Letzter zufolge musste die dunkelste Wohnung eines Neubaus am Tag mindestens zwei Stunden direktem Sonnenlicht ausgesetzt sein – diese Regel bestimmte den Gebäudeabstand in den Neubaugebieten zueinander. Ziel war seinerzeit, die Mietskasernen der kapitalistischen Ära durch helle Wohnungen im grünen Umfeld zu ersetzen. Mit Blick auf die Verdichtung des Wohnhausbestandes in den heutigen Bevölkerungszentren darf bezweifelt werden, dass eine solche Regel noch Gültigkeit besitzt.

Der Architekt Kärgel hat seinerzeit im Projektierungs-büro des örtlichen Wohnungsbaukombinats gearbeitet und mit dazu beigetragen, der Stadt ein Gesicht zu geben, das sie heute verlieren soll. Ihm oblag u. a. die Gestaltung der Fassade des inzwischen abgerissenen Lehrerbildungs-instituts, der späteren Fachhochschule. Ebenso gehörte die Gestaltung der äußeren Hülle des Rechenzentrums zu seinen Aufgaben, ein Haus auf das – zeitlich verschoben – das gleiche Schicksal wartet. Nein, schämen will er sich für seine Arbeit und die seiner Kollegen nicht, sagt er beim Gang durch die »Perle Potsdam«, obwohl vieles mit den Augen des heutigen Zeitgeistes und der heutigen Materialsituation anders und durchaus auch kritisch bewertet werden müsse. Beim Wiederaufbau einer Stadt sei mit ihrer architektonischen Traditionen rücksichtsvoller umzugehen, bilanzierte er im Rückblick sein Arbeitsleben. Auf den Vorwurf, dass viele Nachkriegsgebäude nicht den Ansprüchen der barocken und kriegszerstörten Kunststadt Potsdam entsprechen würden, entgegnet Kärgel, dass dies

auch auf die architektonischen Lösungen der Nachwendezeit in der Stadt zutreffe. »Das ist mein Eindruck.« Der
Neubau der Industrie- und Handelskammer nehme auf
barocke Stadt nicht mehr Rücksicht als die DDR-Bauten.
Der ungeheure Klotz von Kaufhaus-Bahnhof sei das Gegenteil von einer architektonischen Offenbarung.

Die Angriffe auf das »Mercure« haben derzeit etwas
nachgelassen, auch der Abriss der Traditionsgaststätte
»Minsk« ist vom Plan genommen worden – das Gebäude
ist insofern einmalig, als darin Architekturzitate aus dem
einstigen Partnergebiet Weißrussland verarbeitet sind.
Wie aber der tatsächliche Abriss von DDR-Bauensemb-
les vorbereitet wird, lässt sich am Staudenhof-Ensemble
studieren, einem DDR-Neubaukomplex mit Hunderten
preiswerter Klein-Wohnungen im Stadtzentrum neben
der Nikolaikirche. In solchen Fällen geht dem eigentlichen
Abrissbeschluss die gezielte Vernachlässigung voraus. Das
heißt, man schafft einen optischen Schandfleck, um ihn
danach Schandfleck nennen und eine Abrissverfügung
begründen zu können. Der DDR wurde vorgeworfen,
dass sie Kriegsruinen wie die der Garnisonkirche und des
Potsdamer Stadtschlosses beseitigen ließ. Nach der Wende
gerieten völlig intakte Gebäude auf die Abrissliste, deren
»Schuld« darin bestand, zu DDR-Zeiten errichtet worden
zu sein und anderen architektonischen und ästhetischen
Vorstellungen zu genügen als denen eines »preußischen
Arkadiens«.

Die »positive« Antwort« der neuen Stadtherren lautet:
Am historischen Standort, in Sichtweite des »Mercure«-
Hotels, wird der Turm der Potsdamer Garnisonkirche
wiedererrichtet. Der preußische Tempel, in dem 1933 Hitler
und Hindenburg die politische Ehe zwischen faschistischer

Bewegung und traditioneller Machtelite wirkungsvoll in Szene setzten und in aller Form das äußerliche Gepränge gaben. Der Turm, im Krieg schwer zerstört und in der DDR abgerissen, wird nach Fertigstellung das »Mercure« um rund 20 Meter überragen. Ein Anfang ist gemacht.

Kein Downtown-Effekt

Die Höhe der Miete war in der DDR-Zeit kein Thema, heute ist es für viele Menschen ein drückendes. Es ist richtig, dass die niedrigen DDR-Mieten dem Verfall der Innenstädte Vorschub geleistet haben, weil die notwendigen Mittel für Erhalt und Modernisierung dadurch beim besten Willen nicht zusammenkamen. Auch war häufig zu beobachten, dass alleinlebende Menschen übergroße Wohnungen der Bequemlichkeit halber nicht verließen und Familien mit Kindern lange auf angemessenen Wohnraum warten mussten. Im Nachhinein, aber auch schon damals hätte man sich sinnvollere Steuerungsregeln des Staates gewünscht, zumal Neubau und Verfall einen Wettlauf miteinander austrugen.

Ein Vorteil wiederum war die Abwesenheit des für den Kapitalismus typischen Downtown-Effekts (Grundstückspreise in der Citylage), so dass eine großzügige, von viel Stadtgrün durchzogene Stadtkernplanung und -bebauung möglich war. Bauland hatte in der DDR keinen Wert, das spiegeln die in ihr entstandenen (beziehungsweise nach dem Krieg neu entstandenen) Stadtmittelpunkte wider. In Potsdam lässt sich die neue bauliche »Verdichtung« studieren. Sogenannte grüne Lungen werden in Bauland verwandelt – optisch, aber auch klimatisch bedenklich.

Siegen wird, wer den letzten Taler in der Tasche findet.

Friedrich II.

Verschuldet bis über beide Ohren

Verschuldet hat sich Ostdeutschland nach 1990

Dass Sozialisten nicht mit Geld umgehen können beziehungsweise nur das Geld anderer Leute ausgeben, ist eine von den bürgerlichen Binsenweisheiten, auf welche die kaufmännische Solidität, die angeblich in Europa waltet, so gern zu sprechen kommt. Absehen muss man dabei nur von einem: von Wahrheit und Wirklichkeit nämlich. Denn gemessen an den heutigen Zuständen muss die DDR als ein Ausbund an finanzpolitischer Gewissenhaftigkeit gelten. Mit 49 Milliarden Dollar sei dieses kleine Land verschuldet, hieß es in den kritischen Wendetagen, verbreitet von allen Medien, die dazu imstande waren. Eine zielbewusst eingesetzte Panikzahl, wie wir heute wissen. Als die Bundesbank einige Jahre später die finanzielle DDR-Abschlussbilanz vorlegte, blieben 19,7 Milliarden Realverschuldung der DDR übrig – und dem standen sogar noch Auslandsguthaben in ähnlicher Höhe gegenüber. Die Stadt Potsdam und zwei Landkreise sind heute verschuldeter als die ganze DDR – addiert man die Schulden der Menschen, die sie als Angehörige einer Gemeinde, eines Kreises, eines Bundeslandes und der Deutschnation und privat nun eben haben. Als Deutschland zehn Jahre nach der Wende der Russischen Föderation knapp 7 Milliarden Dollar Schulden erließ, mit denen die Sowjetunion bei der DDR in der Kreide gestanden hatte, tat dies eben nicht Generalsekretär Honecker gegenüber dem Amtsgenossen Breshnew, sondern Bundeskanzler Schröder gegenüber dem Präsidenten Putin.

Die Frage, wer nicht mit Geld umgehen kann, ist vor diesem Hintergrund berechtigt und keineswegs erschöpfend beantwortet. Als 1789 in Frankreich die Monarchie am Ende war, lag es entgegen landläufiger Meinung nicht an der fehlenden Freiheit – in erster Linie jedenfalls nicht, es lag nicht an der fehlenden Gleichheit und schon gar nicht an der fehlenden Brüderlichkeit. Das alles fehlte zwar wirklich, hatte aber mit dem eigentlichen Problem nichts zu tun. Das waren lediglich die Parolen, über die sich dieses wirkliche Problem der Nation vermittelte. Und das bestand in den heillos zerrütteten Staatsfinanzen. Die Hälfte der damaligen Staatseinnahmen wurde durch Zinszahlungen verschlungen, die Franzosen zahlten Steuern wie nie zuvor, ohne dass für sie öffentliche Leistungen in nennenswertem Maße noch zu erlangen waren. Der Staat erschien ihnen wie ein riesiges Fass ohne Boden. Die Finanzminister wechselten beinahe monatlich. Niemand wusste verlässlich zu sagen, wie hoch das Königreich verschuldet war. Die Revolution beendete einen für niemanden mehr hinzunehmenden, auch den letzten Rest Akzeptanz verspielenden Ausbeutungsexzess an sämtlichen nichtadligen Schichten.

Eine stolze Feier war es, welche die fünf ostdeutschen Landesrechnungshöfe anlässlich ihres fünfundzwanzigjährigen Bestehens 2016 ausgerichtet hatten. Diese

Aufführung im Potsdamer Hans-Otto-Theater hat aber weniger Antworten gegeben, als vielmehr Fragen offen gelassen.

Diverse Festredner wiederholten es variantenreich: Heutige Rechnungshöfe würden den Finger in die Wunde legen, also dort, wo er hingehört. Sie würden darüber wachen, dass die öffentlichen Kassen »nicht zum Selbstbedienungsladen« verkommen. Sie seien – im Unterschied zu den Kontrollinstanzen zu DDR-Zeiten – vollkommen unabhängig und weisungsunabhängig. Nicht allein rückblickend seien sie tätig, sondern sie würden grundlegende politische Weichenstellungen sachkundig begleiten.

Wenn das so ist, wie konnte es zur Mega-Misere am Pleite-Flughafen BER kommen? Immerhin ein Projekt, dessen Kosten sich von 2 Milliarden Euro auf (vorläufig) 5,5 Milliarden verteuert hatten. Allein mit dieser beispiellosen Katastrophe wurde möglicherweise das gesamte Verschwendungsvolumen der vergangenen fünfundzwanzig Jahre im Land Brandenburg noch einmal verdoppelt.

Und warum ist angesichts der bewährten Kontrolle die Finanzsituation der neuen Länder überhaupt so prekär, wie sie nun einmal ist?

Brandenburgs Landtagspräsidentin Britta Stark (SPD) fand, es gebe inzwischen »fünf selbstbewusste und moderne« Länder. Diese Darstellung wurde von der Festrede des damaligen Bundesfinanzministers Wolfgang Schäuble (CDU) nicht ohne weiteres gedeckt. Der sprach vielmehr davon, dass »die Angleichung der Lebensverhältnisse »länger dauert, als wir uns damals vorgestellt haben«. Er erinnerte daran, dass ein Vierteljahrhundert nach der Wende die neuen Länder gerade einmal 60 Prozent von dem erwirtschaften, was sie als staatliche Struktur selbst verbrauchen, und die Wirtschaftskraft bei allenfalls 70 Prozent des Westniveaus liegt. Schäuble räumte ein, dass die Zuwachsraten deutlich geringer lägen als in den alten Bundesländern. Das bedeutet, von Angleich kann überhaupt keine Rede sein, die Abstände nehmen immer noch zu.

Bei der Veranstaltung erinnerte Schäuble an den Einigungsvertrag DDR-BRD, und er dankte seinem DDR-Verhandlungspartner Günther Krause kurz, aber mit warmen Worten. Dass dieser Vertrag und die folgende Wirtschaftspolitik gegenüber Ostdeutschland aus den fünf neuen Ländern für einen völlig unabsehbaren Zeitraum ein Transfergebiet gemacht haben, das von zwei Millionen Menschen verlassen worden ist, wurde von Schäuble nicht erwähnt.

Einblick in die von der Bundespolitik geschaffene Realität bot Thüringens Ministerpräsident Bodo Ramelow (LINKE): In Eisenach gebe es seit fünfundzwanzig Jahren ein Autowerk, das dort keine Steuern zahle, sondern vielmehr an seinem westdeutschen Stammsitz. Und Thüringen freue sich, wenn das weitere fünfundzwanzig Jahre so bleibe, denn zumindest Lohn- und Einkommenssteuern der dort Beschäftigten seien in Erfurt zu verbuchen. Die neuen Länder nehmen rund zwei Drittel dessen ein, was sie als Körperschaften selbst verbrauchen.

Sind solche Zustände Gottes Wille? Oder handelt es sich vielleicht doch um irdisches Machwerk? Bundesminister Schäuble wollte darin »Folgen der Teilung« sehen, die immer noch »deutlich spürbar« seien. Mit anderen Worten, hier muss einmal mehr die DDR als Ausrede herhalten. Aber lässt sich das nach so langer Zeit noch im Ernst aufrechterhalten? Was haben China und

Vietnam aus den vergangenen fünfundzwanzig Jahren
wirtschaftlich herausgeholt und was das Glücksritter-
tummel- und Experimentiergebiet Ostdeutschland in der
gleichen Zeit?

Ein kritischer Blick (der hier auch ein selbstkritischer
sein müsste) auf die von Schäuble persönlich verantwor-
tete Wirtschafts- und Finanzpolitik gegenüber den neuen
Ländern wurde nicht geworfen. Bei der Veranstaltung
fiel das Wort »Treuhandanstalt« beispielsweise nicht.
Es war aber die Wirtschaftspolitik der Bundesregierung,
welche die dauernde Nachteilslage des deutschen Ostens
zementiert hatte. Und sie wurde auch noch von einer
exorbitanten Verschuldung begleitet. Die DDR baute in
vierzig Jahren Existenz Verbindlichkeiten mit einer Ge-
samthöhe von knapp 20 Milliarden Dollar auf. Gemessen
an heutigen Zuständen ist das kaum nennenswert. Und –
noch einmal – dieser Verschuldung standen ausländische
Guthaben in ähnlicher Höhe gegenüber. Die DDR galt bis
zum Schluss als exzellenter Schuldner, besaß das höchste
Rating, das heißt die beste Bewertung, blieb nie etwas
schuldig, zahlte immer pünktlich. Mithin erfüllte sie alle
Kriterien des verlässlichen Kreditnehmers und bekam
auch neue Kredite zugestanden.

Dieser Vorgang aber hatte mit der Kreditaufnahme,
wie sie nach 1990 in den neuen Ländern, in Deutschland
und Europa einsetzte, allenfalls den Namen gemeinsam.
Wohin die Politik der nahezu schrankenlosen Verschuldung Europa geführt hat – und auch die neuen Bundesländer werden sich nicht abkoppeln können –, ist seit der
Griechenland-Krise offensichtlich. Wo waren die selbstbewussten und selbständigen Rechnungshöfe in dieser Zeit?
Sie haben sich um beheizbare Polizeihundenäpfe und

mitunter auch um Millionenprojekte gekümmert, sehr schön. Aber unter ihren Argusaugen ist ein Landesteil, der bis 1990 für sich selbst aufgekommen ist und dabei eine beeindruckende Entwicklung in seine eigenen Flächen getragen hat, ein finanztechnisches Notstandsgebiet von unabsehbarer Dauer geworden.

Wer zahlt die Zeche?

Wo mit Skeptikern und Kritikern noch sachlich umgegangen wird, da sind sie heute mit dem Einwand konfrontiert, es habe doch schließlich niemand wissen können, dass alles ganz anders und vor allem wirtschaftlich so schlecht kommen würde. Dem ist entschieden zu widersprechen, alarmierende Stimmen hat es gegeben, auch wenn sie – zugegeben – nicht sehr zahlreich waren. Aber es gab Personen, die rechtzeitig vor dem sich abzeichnenden Unheil gewarnt hatten. Stellvertretend sei an den Präsidenten des Brandenburgischen Landesrechnungshofes erinnert, der Mitte der neuziger Jahre in einem öffentlichen Brandbrief die Landesregierung vor einer Finanzpolitik warnte, die ihr selbst kurzfristig politisch zwar nützen würde, die aber den Spielraum sämtlicher künftigen Regierungen unvertretbar einengen müsste. Er war getrieben von der Sorge, dass allen späteren Landesregierungen nichts mehr übrig bleiben würde, als die Schulden der ersten vier bis fünf Legislaturperioden zu bezahlen. Und so ist es gekommen. Der Autor des Briefes wurde vom damaligen SPD-Fraktionschef Wolfgang Birthler scharf angegriffen. Der Präsident solle sich gefälligst nicht in Dinge einmischen, die ihn nichts angingen.

Der bundesdeutsche Normalzustand ist inzwischen auch in Brandenburg erreicht. Allenfalls zwei bis drei Prozent eines Landeshaushaltes sind »frei«, das heißt unterliegen tatsächlich der parlamentarischen Verfügung des Landtags. 97 bis 98 Prozent des Haushaltsvolumens stehen gar nicht zur Debatte, damit werden Aufgaben erfüllt, die der Bundesgesetzgeber den Ländern auferlegt, Zinsen bezahlt, Tarifgehälter, Pensionen und ihre Steigerungen finanziert. Warum vor diesem Hintergrund eigentlich noch ein Parlament zusammentritt, das auch nicht billig ist, wäre zu fragen. Diese Aufgaben erfüllen könnte auch ein Bundesverweser. Der würde Bibliotheken oder Theatern ebenfalls ein paar Euros rüberschieben, um die Reste der verbleibenden »freien Zuwendungen« zu erwähnen. Sollte dermaleinst oder auch demnächst der ganz große Krach eintreten, dann wird er eine kapitalistische Gesellschaft treffen, in der die öffentliche Hand bis über beide Ohren verschuldet ist und in der sich privater Reichtum in immer weniger Händen konzentriert.

Keine Frage, die Landesregierungen seit der Jahrtausendwende waren nicht völlig ahnungslos, ihre geradezu fahrlässige Gleichmut trug sie nur äußerlich zur Schau. Hinter den Kulissen wurden fieberhaft Überlegungen angestellt, um den GAU abzuwenden. Immer lautete die große Parole: Es muss gespart werden. Mit einem Schuldenmoratorium machen sich Bund und Länder Mut. Im Übrigen – genauso schnell, wie das Schuldenverbot ins Grundgesetz gelangte, lässt es sich dort wieder streichen. Andere Mehrheiten als heute werden dafür auch nicht erforderlich sein.

Immerhin gelang es Deutschland, dem Land des Niedriglohns, hohe Steuereinnahmen zu erzielen und die Neuverschuldung bei Bund und Ländern drastisch zu reduzieren beziehungsweise sogar zu stoppen. Die Zinslasten der neuen Länder haben sich in den vergangenen fünf Jahren auf ein Drittel reduziert. Der Hauptgrund dafür lag aber nicht in Deutschland. Denn auf die abenteuerliche Verschuldungshöhe einiger europäischer Staaten reagiert die Europäische Zentralbank seit Jahren mit einer Null-Zins-Politik. Das läuft auf eine völlig neue Lage, auf eine Schieflage ganz unbekannter Dimension und Konstellation hinaus. Denn mit jedem Jahr wird es gleichgültiger, ob ein Staat verantwortungsvoll gewirtschaftet hat oder ob er sich an der Verschuldungspulle bis zur Besinnungslosigkeit betrank. Wer nicht verschuldet ist, zahlt keine Zinsen. Wer hoch verschuldet ist, zahlt auch keine Zinsen. Welche Wirkung hat es auf das Familienklima, wenn man Kinder, die artig sind, belobigt, und die Kinder, die das nicht sind, auch belobigt?

2018 erklärte der Präsident des Landesrechnungshofes Brandenburg, Christoph Weiser, dass die durchgehaltene Nullzinspolitik »schlecht für die Sparer« ist. Nun ja, dass Sparer auf diese Weise Vermögen verlieren, weil die Inflation den Wert ihrer Sparsumme anfrisst, ist vielleicht noch auszuhalten. Derselbe Staat, der vor Jahren noch erklärt hat, dass die gesetzliche Rente für ein auskömmliches Leben im Alter nicht reichen werde und man »privat vorsorgen« müsse, gestattet inzwischen den Versicherungsunternehmen, die realen Ansprüche der Rentenversicherten im Alter auf ein Minimum zu reduzieren. Das verhagelt die Stimmung zusätzlich.

Opfer in einem ganz anderen Maßstab sind aber all jene Menschen, deren Altersversorgung komplett auf den Modell der privaten Rente basiert. Denn die wirft keine

Rendite mehr ab, mithin zahlt die Versicherung auch keine Rente mehr, jedenfalls längst nicht im erwarteten Umfang. In die Röhre schauen in diesem Fall ausnahmsweise nicht die Armen dieser Gesellschaft – die haben kein Vermögen, das abschmelzen könnte, und die haben auch keine privaten Rentenversicherungen. Die Dummen sind diesmal Schichten, die bislang davon ausgegangen waren, dass das harte Brot für sie nicht gebacken ist: Ärzte, Handwerksmeister, Anwälte ... Ihre Versorgungswerke beruhen auf dem Modell der Privatrente. Wenn die aber nichts mehr abwirft, dann sind sie es, die jetzt für die jahrzehntelange Verschuldungspolitik der europäischen Staaten gezahlt haben werden. Einen guten Euro haben sie mit ihren Versicherungsbeiträgen jahrzehntelang eingezahlt. Und einen schlechten werden sie dafür herausbekommen – aber auch nur, wenn alles gut geht.

Kann die politische Wirkung einer solchen »Gemengelage« ewig auf sich warten lassen?

Nennst du mich Schiller, dann nenn ich dich Goethe.

Schlechte Noten

Die beste Schule Europas
gegen die schlechteste eingetauscht

Nicht allzu lange nach der Vereinigung der beiden deutschen Staaten wollte ich wissen, welche Neuigkeiten es denn nun im Erziehungs- und Bildungswesen gebe. Erzieherinnen im Kindergarten, wie man damals sagte, brachten es auf eine interessante Formel: »Vor 1989 haben die Eltern von uns erwartet, dass wir die kooperativen Kräfte in ihren Kindern Stärken, dass sie fähig zum Ausgleich werden. Heute wollen Eltern, dass wir ihrem Kind beibringen, wie man sich gegen andere Kinder durchsetzt.«

Der Schriftsteller Martin Walser schrieb in den sechziger Jahren bezogen auf die Bundesrepublik: »Wie frei einer ist, hängt davon ab, wie gut er boxen kann.« »Die Muskeln für Egoismus werden trainiert, die Talente fürs Gemeinsame verkümmern.« Als »Stern in der amerikanischen Flagge« bezeichnete Walser die BRD. Im US-amerikanischen Denken stellt das »Streben nach Glück« ein zentrales Recht jedes Einzelnen dar. Die Europäer strömten in die »Neue Welt«, um dort »ihr Glück zu machen«. In welchem Maße sie auf diese Weise anderen Menschen Unglück brachten, bleibt bei dieser Idealisierung abscheulicher Vorgänge ausgeblendet.

Einige Jahre nach der Wende machte die Tageszeitung »Die Welt«, mithin in einer Zeitung, die einer besonderen DDR-Vorliebe nicht verdächtig ist, eine Ehrenrettung des DDR-Bildungssystems öffentlich. Sie erschien 2002. Detlef Gürtler, freier Autor aus Hamburg, erklärte im Beitrag »Von der West- zur Ostpädagogik« das notorisch schlechte Abschneiden deutscher Schüler im internationalen Vergleich, und er rechnete mit den bundesdeutschen Pädagogik-Vorstellungen ab, die seit 1990 auch das ostdeutsche Bildungswesen heimgesucht hatten.

»Es muss einmal gesagt werden: Wäre 1990 im Einigungsvertrag zwischen der Bundesrepublik und der DDR vereinbart worden, dass überall im wiedervereinigten Deutschland das DDR-Schulsystem gelten sollte, hätte Deutschland bei der Pisa-Studie 2001 einen Platz auf dem Siegertreppchen bekommen.«

Gürtler weiter: »Die Schulkinder in der DDR brachten es auf einen durchschnittlichen Inelligenzquotienten von 102, die heutigen Schulkinder in der ehemaligen DDR schaffen nur noch 95, genau so viel wie die in den alten Bundesländern. Der Unterschied von sieben IQ-Punkten entspricht, so der Leipziger Intelligenzforscher Volkmar Weiss, einem Unterschied von 47 Punkten in der Pisa-Studie – eine gesamtdeutsche Schülerschaft mit dem Leistungsvermögen der Schüler in der DDR hätte also im Leseverständnis nicht Platz 22, sondern Platz drei erreicht. Auch in Mathematik (Platz drei) und Naturwissenschaften (Platz vier) hätte diese hypothetische Schülerschaft in der Spitzengruppe gelegen. Es mag zwar in weiten Teilen der Republik wie ein Sakrileg klingen, aber es spricht sehr viel dafür, dass die DDR schlicht das bessere Schulsystem hatte.«

Gürtler weist das verbreitete Klischee zurück, das DDR-Einheitsschulsystem sei »gleichmacherisch« gewesen. »Es war eben nicht gleichmacherisch.« Vielmehr habe es sich faktisch um ein stark differenziertes dreigliedriges Schulsystem gehandelt. »Leistungsschwache Schüler konnten die zehnklassige Regelschule nach der 8. Klasse verlassen, für die leistungsstärksten Schüler (beziehungsweise für die, die das Regime als solche definierte) gab es noch einmal zwei weitere Schuljahre bis zum Abitur.«

Der Autor ist sich sicher: »Wenn man vom DDR-Ideal der Entwicklung der allseitig entwickelten sozialistischen Persönlichkeit das ›sozialistisch‹ streicht, hat man eine weit fortschrittlichere Grundlage für ein Schulsystem als die westdeutsche Dreigliedrigkeit.« Dem ahnungslosen Vorwurf von der DDR-Gleichmacherei begegnet Gürtler um ein anderes Mal: »Zusätzlich war die DDR bei der Begabtenförderung der Bundesrepublik weit voraus: Flächendeckende Talentsichtungen und eine große Zahl von Spezialschulen halfen dabei, die Entwicklung besonderer Talente zu ermöglichen – ob mathematisch, sprachlich, künstlerisch oder sportlich. Wenn die westdeutschen Länder auch nur einen Hauch dieser Spezialisierung praktizierten, müsste uns um den Zustand der künftigen Wissenseliten nicht mehr bange sein.«

Dergleichen klingt freilich unangenehm in den Ohren der Vertreter der ostdeutschen Aufarbeitungsindustrie. Ihr Bild ist auch in diesem Punkt ein schlichtes und ein arretiertes: Man hat die DDR-Schule wegen ihrer Fahnenappelle und des Wehrkundeunterrichts zu verurteilen. Man hat die bundesdeutsche Schule nicht dafür zu verurteilen, dass in ihr noch dreißig Jahre lang auf Kinder eingeschlagen werden durfte. Denn verprügelt wurden die Kinder ja in der Demokratie. Und vor Schlägen geschützt waren sie in der Schule der Diktatur. So einfach kann das Leben sein. Haben unsere sonst so wortreichen »Aufarbeiter« diesen Umstand in den vergangenen dreißig Jahren auch nur einmal erwähnt? Vielleicht sollte man ja schließen, dass nicht wichtig ist, was sie sagen, sondern was sie nicht sagen.

Auf Staatsbürgerkunde und Wehrkunde wird die pädagogische Wirkung der Volksbildungsministerin Honecker reduziert. Die Ministerin eines Staates, dessen Armee als einzige in der deutschen Geschichte niemals einen Krieg begann.

Was der Autor Gürtler für die neunziger Jahre wahrnimmt, ist bemerkenswert: »Und bei den Lehrplänen findet sogar heute noch der Wettbewerb der Systeme statt. Und die DDR gewinnt. Wenn in Ostberlin sämtliche Eltern einer Grundschulklasse heimlich mit der Lehrerin verabreden, dass bitte nur nach den alten Ost-Lehrplänen unterrichtet werden soll, werden nur unverbesserliche Ideologen wähnen, dass die bestimmt alle PDS wählen. O nein: Es sind ganz normale Eltern, die das Beste für ihr Kind wollen. Und die es auf diese Weise wahrscheinlich sogar bekommen.« Und er schließt: »Aber es würde ja schon helfen, wenn die selbst ernannten Retter des deutschen Bildungswesens im Jahre 13 nach dem Mauerfall wenigstens zur Kenntnis nehmen würden, dass aus den neu hinzugewonnenen Landesteilen nicht nur Probleme, sondern auch Lösungen kommen könnten.«

Was für eine Traumtänzerei. Natürlich gab es in der DDR viele Dinge, die erstaunlich gut funktioniert hatten, die gesellschaftlich positiv wirkten und mit dazu beitrugen, dass die DDR-Jahre eine glückliche Phase der deutschen Geschichte gewesen sind. Zweifellos hat die Bundesrepublik sich auch bei einer Reihe von Beispielen die DDR zum Vorbild genommen oder – irgendwann schlich die BRD durch Türen, die von der DDR zuvor weit aufgestoßen worden waren. Aber sich offen dazu bekennen? Das wäre nun wirklich zu viel verlangt.

Ganz selten nur in den vergangenen drei Jahrzehnten konnte der Ostdeutsche sich tatsächlich gewissermaßen eigenmächtig öffentlich zur Frage äußern, was er denn aus den DDR-Tagen vermisse. Immer aber war bei diesen Reaktionen das Bildungswesen ganz oben angesiedelt. Das stieß auf wenig Verständnis in der bundesdeutschen Publizistik und Pädagogik-Wissenschaft, die in der erfolgreichen DDR-Bildungsministerin Margot Honecker lieber eine »Hexe« sehen wollten. In der Tat war es eine Hexenjagd, welche nach der Wende gegen diese Frau losgetreten worden ist. Wenn sie aber eine Hexe war, dann ist ihr offenbar Zauberhaftes gelungen. Die Polytechnische Oberschule, von Ministerin Honecker entwickelt und zum Erfolg geführt, ist das Beste, was es in der deutschen Bildungslandschaft jemals gegeben hat. Das wird um so fühlbarer, wenn man den Blick auf die Ergebnisse des so unfassbar teuren und so unfassbar schlechten Bildungswesens wirft, mit dem wir heute konfrontiert sind.

Kein Unterricht bringt gute Noten

Der Umfang des heutigen Stundenausfalls war damals unbekannt. Wer hätte zu DDR-Zeiten gehört, das Schulabgänger, denen ihre Lehrer die Fähigkeit zur Berufsausbildung auf dem Zeugnis bescheinigt haben, noch ein Jahr benötigen, um an Berufsschulen diese Reife überhaupt erst einmal zu erwerben? Eine Kollegin berichtete mir aus Berlin, dass die Lehrer in Fächern, die monatelang gar nicht unterrichtet werden, den Kindern einfach gute Noten geben, um ihnen den Mund zu verschließen. Ein Mathematiklehrer aus Brandenburg sagte mir, er unterrichte in der 9. Klasse Jugendliche, die allenfalls das Niveau der 6. Klasse hätten. Ich fragte zurück, ob er die Lehrer zur Rede stellen würde, welche diese Kinder in der 6., 7. und 8. Klasse unterrichtet hätten. »Nein.« In einem Fernsehbericht äußerte ein Mann aus Armenien einmal, er sei mit seiner Familie nach Deutschland gekommen, um seinen Kindern eine ordentliche Schulbildung zu sichern. Die neben ihm sitzende Tochter bestätigte, dass sie in der deutschen Schule gut mitkäme: »Was wir hier in Mathematik in der Zehnten haben, das hatten wir in Armenien in der 7. Klasse.« Die Professorin einer ostdeutschen Technischen Universität wird angesichts des Bildungsstandes der Studienanfänger mit dem Satz zitiert: »Sollen wir beim Studium mit der Bruchrechnung beginnen?« Ein hoher Vertreter der Potsdamer Universität sagte mit Blick auf das Leistungsvermögen der Abiturienten, dass ein Großteil seiner Studierenden nicht an eine Universität gehöre.

Von den brandenburgischen Lehrern ist nicht viel Widerstand zu erwarten. Die wurden nach der Wende verbeamtet. Ihre Vorteilslage verschließt ihnen den Mund, eine öffentliche Ehrenrettung des DDR-Bildungswesens dürfen sich diese Ex-DDR-Lehrer gar nicht erlauben.

Einige Zeit nachdem der zitierte Beitrag in der »Welt« erschienen war, schilderte eine finnische Erziehungswissenschaftlerin in Potsdam einmal den aus ihrer Sicht grundlegenden Unterschied zwischen dem erfolgreichen

Bildungswesen in ihrem Heimatland und dem weniger
erfolgreichen in Deutschland: »In Finnland gehen 35 Prozent der finanziellen Bildungsmittel in die Ausstattung
der Schulen und 65 Prozent in die Bezahlung der Lehrer.
In Deutschland beträgt das Verhältnis 15 zu 85.« Und so
sahen die Ergebnisse in den Neunzigern ja auch aus: Der
bestbezahlte Lehrer Europas, der deutsche nämlich, liefert
laut internationalem Vergleich die nahezu schlechtesten
Ergebnisse ab. Finnland war Pisa-Sieger. Es hat sich ja
auch – wie jeder weiß – von der DDR-Schule inspirieren
lassen.

Eine nicht mal schlechte Ausrede für die in diesen Kreisen verbreitete Interessen- und Teilnahmslosigkeit haben
die ostdeutschen Pädagogen einerseits mit den heute eh-
geizigen Eltern zu Gebote stehenden juristischen Durch-
griffsmöglichkeiten (Zensuren einklagen, gegen pädagogische Bewertungen klagen), aber auch mit der Schulpolitik
der vergangenen drei Jahrzehnte, die ein unglaubliches
Durcheinander in einem gesellschaftlichen Bereich erzeugt
hat, der ständige Revolutionierung nun am allerwenigs-
ten verträgt. Seither sind fast dreißig Novellierungen des
brandenburgischen Bildungsgesetzes wirksam geworden,
es steht zu befürchten, dass überhaupt niemand mehr
wirklich weiß, was eigentlich noch Gültigkeit besitzt. Was
wurde diesem Bereich allein damit angetan, dass in einigen
ostdeutschen Länder der Weg zum Abitur auf dreizehn
Jahre verlängert wurde, um dann einige Jahre später zum
Zwölf-Jahres-Abitur zurückzukehren. Die Schädlichkeit
der Länderzuständigkeit für die Bildungspolitik erweist
sich tagtäglich. Geschickt können die Interessenvertretungen der Pädagogen diesen Flickenteppich nutzen und zum
eigenen Nutzen und Frommen die Länder gegeneinander

ausspielen. Sie selbst profitieren, Schüler und Eltern bleiben die Dummen.

Sicher sind im Laufe der Jahre die allergrößten Verrücktheiten wieder beseitigt worden. Es gibt wieder Rahmenlehrpläne im Land Brandenburg, ferner so etwas wie einen Erziehungsauftrag, man kann Mathematik und Deutsch nicht mehr »abwählen«, wenn man das Abitur erwerben will. Eine Reihe von Formenelementen sind zurückgekehrt, die nach 1990 von der ersten brandenburgischen Bildungsministerin Marianne Birthler (Bündnis 90) mit großem Schwung auf den Müllhaufen der Geschichte geworfen wurden: Leistungsforderung, Verhaltensbewertung, Abschlussprüfungen und »sinnvolle Freizeitgestaltung« am Nachmittag. Aber diese Rückkehr ist zumeist äußerlich.

Zu DDR-Zeiten wurde sonnabends unterrichtet, die Lehrer mussten also an einem Wochentag in die Schule, an dem andere Werktätige frei hatten. Das wurde 1990 abgeschafft. Nicht nur, dass der Schultag in den verbleibenden Wochentagen damit für die Kinder überlang ist. Psychologen weisen zaghaft darauf hin, dass der Abstand zwischen Freitagmittag und Montag früh für den optimalen Lernerfolg eines Kindes eigentlich zu groß ist. Welches Gewicht besitzen solche Erkenntnisse gegenüber dem Interesse der Beamten? Die Tätigkeit am Sonnabend wurde den DDR-Lehrern mit 77 Ferientagen entgolten. Heute haben die Lehrer auch sonnabends frei, die 77 Ferientage sind ihnen indessen erhalten geblieben. Das Wohlergehen der Lehrerbeamten ist abgesichert, was die wünschenswert guten Ergebnisse des Bildungssystems betrifft, lässt sich das nicht uneingeschränkt sagen.

Der Vergleich zwischen der Fahnenappell-Schule der Margot Honecker und der heutigen Beamtenschule wird also keineswegs in allen Punkten zuungunsten der ersteren ausfallen. Worin sollte der auch bestehen, und wie sollte das auch geschehen? Die gesellschaftliche Zerrüttung, die Spaltung in arm und reich, die Klasseneinteilung der Gesellschaft deformiert auch die Schule. Nein, das Pioniertuch oder das FDJ-Hemd müssen Schülerinnen und Schüler heute nicht mehr tragen, sie sind bei der Bekleidung einem elenden Marken-Stress ausgesetzt, den es in Ansätzen schon in der DDR-Schule gab, der heute aber zum Teil überwältigend ist.

Im Osten gibt es – grob betrachtet – noch halb so viele Schulen wie zur DDR-Zeit, Schulwege sind für viele überlang, fressen einen Gutteil der ohnehin schmalen Freizeit der Kinder.

Dabei war Bildungsministerin Margot Honecker, die Frau des SED-Generalsekretärs, zu DDR-Zeiten tatsächlich nicht sonderlich beliebt. Nun, eine Volksbildungsministerin ist schließlich nicht auf der Welt, um von möglichst vielen Menschen geliebt zu werden, sondern um das Volk zu bilden. Und an dieser Stelle muss sich diese Frau gar nichts vorwerfen. Das wussten wir zu DDR-Zeiten weit weniger, als wir es heute wissen. Kanzlerin Angela Merkel beispielsweise hat in der DDR eine Schulbildung genossen, welche diese Bezeichnung verdient. Das gilt vor allem mit Blick auf das Elend, in dem sich das heutige Bildungswesen befindet. Die Kanzlerin selbst – nicht gerade als Freundin der DDR überführt – räumte in einer schwachen Stunde ein, man habe seinerzeit als Schüler im Osten »ordentlich Physik und Chemie gelernt«. Doch sei Dankbarkeit »keine Kategorie, in der ich die DDR sehen kann«.

Wenn sich die Kanzlerin sicherheitshalber lieber an die unangenehmen Seiten ihrer Kindheit erinnert, steht ihr das frei. Damit steht sie dann aber auch recht alleine da. Zweifellos hat die Fahnenappell- und Pioniernachmittag-Wirklichkeit an den Schulen der DDR ihre disziplinierende Wirkung entfaltet, es fand eine atheistisch begründete geistig-weltanschauliche Beeinflussung in Fächern wie Staatsbürgerkunde und Geschichte und auch sonst mit dem Ziel statt, »vielseitig entwickelte sozialistische Persönlichkeiten« hervorzubringen. Manchmal sollte es sogar die allseitig entwickelte Persönlichkeit sein. Natürlich darf jetzt gelacht werden, aber diese Fröhlichkeit trägt ein ziemlich dummes Gesicht. Denn geistig Pate stand hier das Menschenbild der Renaissance. Der uomo universale – der allseitige Mensch – war seinerzeit das leuchtende Ideal der Humanisten. Immerhin existierte in dieser Beziehung zu DDR-Zeiten eine schulische Orientierung. Ist heute etwas Vergleichbares im Angebot?

Bei den zu Recht genannten Defiziten (vor allem Sprachen) und ideologischen Überformungen und auch im Schatten von Wehrkunde-Unterricht steht aber das Entscheidende fest: Das Bildungswesen der DDR hat klar denkende, selbstbewusste, sich ihrer Interessen sichere, gut ausgebildete, friedliebende, den Mitmenschen achtende und politisch interessierte Menschen herangezogen, die am Ende ein System zu Fall brachten, aus dem sie selbst hervorgegangen waren. In dieser Schule wurde das Andenken der Antifaschisten in Ehren gehalten und der Hass auf Unterdrückung, Ausbeutung und Ungerechtigkeit vermittelt. Die DDR-Schule ist nicht nur in Chemie und Physik, sondern auch in der Wertevermittlung ordentlich vorangekommen.

Zwischen Freiheit und Gebot

Im Bildungswesen der DDR wurde kein Jugendlicher allein- und losgelassen, bis er imstande war, sich und gegebenenfalls eine Familie mit einer beruflichen Tätigkeit zu ernähren. Was erleben wir an dieser Stelle heute? Etwas Besseres? Wer der DDR-Erziehung und Bildung absprechen möchte, Werte vermittelt zu haben, zeigt damit nur, dass er von diesen Dingen nichts versteht. Bis in die Begrifflichkeit hinein lehnte sie sich an christliche Vorbilder an. Es gab die zehn Gebote der sozialistischen Moral und Ethik wie auch die zehn Gebote der Jungpioniere. Oft und geduldig wurde darauf verwiesen, dass das kommunistische Menschenbild im urchristlichen wurzelt und dass es eben die historischen Kirchenkonzerne waren, welche diese Ideale mehr oder weniger beständig verraten hatten. DDR-Erziehung beruhte auf der materialistischen Weltanschauung. Doch gleichzeitig war sie in hohem Maße ein Appell an Uneigennützigkeit, Freigiebigkeit und Gemeinsinn – mithin trug sie sehr idealistische Züge.

In der Honecker–Schule wurde nicht nur kontrolliert, es wurden anerzogen: Kameradschaft, Hilfsbereitschaft, Mitgefühl, Verantwortungsgefühl füreinander. Gezielt gefördert wurden Kinder aus Schichten, die heute als »bildungsfern« eingestuft werden, das heißt aus Nicht-Akademikerkreisen. Die sogenannte Brechung des bürgerlichen Bildungsmonopols war Staatsdoktrin. Nichts könnte weiter entfernt von der gegenwärtigen bundesdeutschen Wirklichkeit und dem unausgesprochenen, aber machtvollen Streben ihrer »besseren« Kreise liegen, ihre Nachkommenschaft vor intellektueller Konkurrenz

»von unten« zu schützen. Auch nach der Jahrtausendwende hängen Bildungsergebnisse deutscher Kinder von
der sozialen Herkunft ab – nirgends in Europa ist dieser
Zusammenhang so ausgeprägt wie in Deutschland. Die
neuen Bundesländer bilden keine Ausnahme. Die frühe
Trennung der Kinder in die mit gewöhnlicher und die
mit akademischer Perspektive leistet dem Vorschub. Der
Staat müsste hier seine Rolle wahrnehmen und sich diesem
Egoismus entgegenstemmen. Wenn dergleichen stattfindet – das in Brandenburg eingeführte Bafög zugunsten
von Schülern der 11. und 12. Klasse aus ärmeren Familien
könnte man dazu zählen –, dann aber mit viel zu geringer
Wirkung.

Dem altgriechischen Philosophen Platon zufolge ist
die Erziehung der Kinder zu wichtig, als dass man sie den
Eltern überlassen dürfe. Mit Blick auf die Resultate der
selbstbestimmten, autistischen Spaß- und Klassengesell-
schaft ist man geneigt, ihm das Ohr zu leihen. Nun war
Frau Honecker keine griechische Philosophin, und die
DDR war nicht Sparta. In der Tat aber nahm in ihr der
Staat diese Dinge in die Hand und lieferte verbindliche
Angebote. Es ging dabei vom Grundsatz her sehr nüchtern
zu. Die Schule soll auf das Leben vorbereiten, und das war
das Leben in der DDR. Es bot – bei all seinen bekannten Grenzen – die Parameter eines würdevollen, in sich
geschlossenen Daseins von Kindsbehütung, Erziehung,
Ausbildung, Berufswahl, Arbeitsleben bis hin zur garantierten und gesicherten Rente. Zweifellos wurde Wohlver-
halten mit Aufstiegschancen belohnt, das aber ist – mit
lokaler Färbung – nirgends auf der Welt wirklich anders.

Kostenlos waren zu DDR-Zeiten Hort und Ferienspiele,
die von den Schulen organisiert wurden. In der heutigen

Schule können die Eltern mit diesen Problemen sehen, wo
sie bleiben. Lösungen kosten einen ordentlichen Teil des
Familieneinkommens. Damals lernten alle Kinder in der
Schule schwimmen, dieser Grundsatz war nach der Wende
längst nicht mehr überall durchgesetzt, wie auch die jähr-
lichen ärztlichen Schuluntersuchungen und das Impfen
nicht mehr. Die den DDR-Kindern täglich verabreichte
Milch wurde durch den in der Schule aufgestellten Au-
tomaten ersetzt, wo die Kinder den Werbestrategien der
Süßwaren-Konzerne ausgesetzt sind. Somit trägt schon die
Schule dazu bei, dass Kinder heute Genussmittel zu sich
nehmen und weniger Lebensmittel.

Das kameradschaftliche Prinzip wurde in der DDR-
Schule gefördert, das gegenseitige Helfen der Schüler unterstützt und belohnt. Dieses Prinzip wich nach 1990
einem Konkurrenzgehabe schon in der Grundschule.

Dass man Kindern ein gesundes Schulessen anbietet,
war in der DDR selbstverständlich, in Ostdeutschland
ist das nach der Wende so geblieben, und im Westen be-
quemte man sich auch so nach und nach zu diesem Schritt.
Ein flächendeckendes System von Kinderkrippen und
-gärten (sogenannte Kitas) entsteht nun auch im Westteil
der Bundesrepublik. Fünfzig Jahre, nachdem die DDR das
getan hat. Zur verabreichten DDR-Frühstücksmilch reicht
es freilich oft immer noch nicht.

Der zweite Weg zur Hochschulreife bestand im Durch-
lauf der »Berufsausbildung mit Abitur«, eine Bildungs-
form, deren Einführung nach der Jahrtausendwende in
Deutschland wieder diskutiert wird. Beim Studium wurde
seinerzeit auf Systematik geachtet, es begann in jedem
Fall mit der Vermittlung der Grundlagen des jeweiligen
Fachgebiets. Ein solcher Aufbau wurde schiere zwanzig

Jahre nach der Wende mit dem Bachelor-Studiengang wieder angestrebt.

Zu DDR-Zeiten erhielt jeder Studierende ein Stipendium, das ihm die Finanzierung der Grundbedürfnisse ermöglichte. Darauf hatte er einen Rechtsanspruch. Wohnen, Essen, Fahrten waren damit zu bezahlen. Seinen Eltern lag er nicht mehr »auf der Tasche«. Mit guten Lernergebnissen ließ sich ein beachtliches Leistungsstipendium hinzugewinnen. Das heute unter bestimmten Bedingungen gewährte Bafög dagegen ist ein Kredit. 2006 verkündete die damalige Bundeswissenschaftsministerin Annette Schavan (CDU), Leistungsstipendien einführen zu wollen, womit »erstmals« an deutschen Hochschulen ein solches Stimulierungsmittel zum Einsatz käme. Und wieder einmal war alles gesagt. Vielleicht hätte Frau Schavan vor ihrer Rede mit ihrer Chefin Angela Merkel reden sollen, die einstige DDR-Beststudentin hätte ihr etwas vom Leistungsstipendium erzählen können.

In den letzten DDR-Jahren wurden Schüler der 11. und 12. Klasse den Lehrlingen insofern gleichgestellt, als sie eine monatliche finanzielle Zuwendung vom Staat erhielten. Das stieß freilich auf Gegenliebe bei den Jugendlichen und war nach 1990 so ziemlich das erste, was ihnen wieder weggenommen worden ist.

Post aus Chile

Da Margot Honecker als Sinnbild des zum Teil irrationalen Hasses auf die DDR herhalten musste – das war die Rolle, die ihr die deutsche Öffentlichkeit in den letzten fünfundzwanzig Jahren ihres Lebens zuwies –, konterte sie, psychologisch verständlich, mit Prinzipienfestigkeit und Härte. (»Ja, wir brauchen Optimismus, denn der Kampf wird härter werden.«) In einem Dokumentarfilm, wo sie neben Gorbatschow und Genscher auftreten sollte, wollte sie keinen Part übernehmen. »Das geht gegen mein politisches Gewissen, gegen meine politische Ehre.« Und sie beschämte das Heer der Angreifer gleichsam mit Verständnis: »Wir haben von unseren Gegnern kein Entgegenkommen zu erwarten. Mich können sie nicht aus der Ruhe bringen.«

Dass sich im Rückblick vor allem für die Ostdeutschen herausschält, dass ihre Polytechnische Oberschule der beste Schultyp war, den es jemals in Deutschland gegeben hat, nahm sie natürlich mit Genugtuung zur Kenntnis: »Ich bedaure nur, dass ich bei Volksbildung zu spät darauf kam, dass wir die Polytechnik, das Markenzeichen der DDR-Schule, so unterbelichtet haben. Gerade das fand ja das großes Interesse im Ausland. Schade, da hätte ich aufpassen müssen.«

Nachdem Margot Honecker im Mai 2016 gestorben war, schickte die chilenische Staatspräsidentin Michelle Bachelet ein Beileidstelegramm. Sie war die Tochter eines chilenischen Generals, der 1973, beim faschistischen Pinochet-Putsch, zu Präsident Allende hielt und das mit dem Leben bezahlt hatte. Michelle Bachelet floh in die DDR und studierte dort Medizin. Heute ist sie UNO-Hochkommissarin für Menschenrechte.

Die deutsche Kanzlerin Angela Merkel, einst Förderkind in Margots Polytechnischer Oberschule, Trägerin der Lessing-Medaille, schickte ein solches Telegramm nicht.

Trennung von Kirche und Staat

In der DDR war das Prinzip der Trennung von Kirche und Staat durchgesetzt, auch und gerade in der Schule. Das ist ein wichtiges Gebot der Neuzeit und wird beispielsweise von der Französischen Republik vorbildlich umgesetzt. Angesichts der unfassbaren Nähe beider großen Kirchen zum Hitlerstaat zwischen 1933 und 1945 war das in Deutschland spätestens nach 1945 geboten. Der DDR-Bürger lebte in einem Land, das auf diesem Gebiet die Uhr der Entwicklung auf die richtige Stunde gestellt hatte. Auch hier feierte nach 1990 der Atavismus seine Triumphe. Die Kirche wird vom deutschen Staat finanziell unterstützt und kann Tausende der Ihren auf Steuerkosten als Religionslehrer in den Schulen die Segnungen der Pädagogen-Privilegien zukommen lassen. Darauf beschränkt sich die finanzielle Unterstützung der Kirche durch den Staat noch lange nicht.

Es erben sich Gesetz und Rechte
Wie eine ew'ge Krankheit fort.
Sie schleppen von Geschlecht sich zu Geschlechte
Und rücken sacht von Ort zu Ort.
Vernunft wird Unsinn, Wohltat Plage;
Weh dir, dass du ein Enkel bist!
Vom Rechte, das mit uns geboren ist,
Von dem ist, leider! nie die Frage.

Goethe, Faust

Rechtsstaat und Recht

Zerstörte Rechtskultur

Kann ein Buch beweisen, wie in der Bundesrepublik Deutschland der angebliche Unrechtsstaat DDR juristisch um den Preis »bewältigt« wurde, dass nach 1990 nun wirklich Unrecht geschaffen, Recht gebrochen und Persönlichkeitsrechte mit Füßen getreten wurden? Wenn ja, dann wurde ein solches Buch Ende 2016 im Betsaal des Jüdischen Waisenhauses von Berlin-Pankow vorgestellt. Übrigens mit falschem Titel, wie der Autor des Nachwortes Peter-Alexis Albrecht einräumte: »Denn zwischen 1990 und 2004 stand nicht das ›Politbüro der DDR‹ vor Gericht, sondern das Politbüro der SED.«

Herausgeber dieses mit über 1100 Seiten gewaltigen Werkes war der DDR-Anwalt Friedrich Wolff, der anderthalb Jahrzehnte lang SED-Spitzenfunktionäre vor bundesdeutschen Gerichten verteidigte und der nach eigenen Worten »den ungekürzten Originalton von Angeklagten, Verteidigern und Richtern« vorgelegt hat. Den Leser erwarte Authentisches, versprach Wolff. »Ich kommentiere und bewerte das nicht, jeder soll sich seine Meinung bilden.«

Von seinen Mandanten, den zweiundzwanzig Mitgliedern des SED-Politbüros – unter anderem Erich Honecker, Egon Krenz, Günter Schabowski –, wurden de facto sechs verurteilt, es gab drei Freisprüche, die übrigen waren gestorben oder wurden im Laufe des Verfahrens als nicht verhandlungsfähig bewertet. Neben der Keule des Strafrechtes wurde gegen diese Angeklagten auch das Sozialrecht bemüht, etwa, wenn es darum ging, den einstigen Zuchthaus- und KZ-Insassen Erich Honecker und Hermann Axen die Rente für die Verfolgten des Naziregimes abzuerkennen.

Den gedanklichen Kern des gewaltigen Kompendiums bildet die juristische Frage, ob den Politbüro-Mitgliedern die Todesschüsse an der Mauer angelastet worden können und inwieweit hierbei das sogenannte Rückwirkungsverbot nicht zu beachten wäre. Denn bislang war nur bezogen auf faschistische Haupttäter und auch nur vom Nürnberger Gerichtshof von dem Grundsatz abgewichen worden, dass keine Strafe für Taten verhängt werden kann, die zum Zeitpunkt ihres Begehens nicht strafbar waren.

In ihrem Streben nach Rache hatten die Richter gegenüber den SED-Politbüro-Mitgliedern von dieser Ausnahmeregelung Gebrauch gemacht. Anwalt Wolff legt in seinem Buch außerdem den Widerspruch zwischen dieser extrem umstrittenen Gerichtspraxis und dem Standpunkt von 48 zumeist bundesdeutschen Rechtswissenschaftlern dar, die allesamt diesen Stil verurteilen.

Darum aber kümmerte sich seinerzeit das Berliner Kammergericht nicht. Die bundesdeutsche Justiz, die sich immer heldenhaft gewehrt hatte und auf dem juristischen Rückwirkungsverbot bestand, wenn es darum ging, hohe Nazi-Täter vor der Verurteilung zu schützen, und die – wie die Schriftstellerin Daniela Dahn bei der Veranstaltung im Waisenhaus sagte – als einzige die Europäische Menschenrechtskonvention wegen dieser Rückwirkungsmöglichkeit nicht anerkannte, hielt dieses in der Tat problematische Mittel bedenkenlos für die DDR-Funktionäre bereit. Breit wird im Buch auch der unerklärte Widerspruch dargestellt, dass die verhängten Strafen gegen die verurteilten SED-Funktionäre so merkwürdig geringfügig waren, obwohl doch das, was ihnen die Richter vorwarfen, so grauenhaft und ungeheuerlich gewesen sein soll, dass es auf einer Ebene mit den Nazi-Verbrechen gestanden haben muss. Es war, als hätte die Berliner Richter am Ende dann einfach der Mut verlassen. Denn wenn ein fundamentaler juristischer Grundsatz ad hoc außer Kraft gesetzt wird, dann muss ein juristischer Extremfall vorliegen, der im Grunde nur mit der Höchststrafe geahndet werden kann. Bei der Verhandlung wurden die Angeklagten als Hyper-Verbrecher behandelt, bei der Urteilsverkündung wurden sie wieder auf die Ebene von Kleinkriminellen zurückgestuft.

Zur damals geübten Gerichtspraxis bekannte sich die einstige Justizsenatorin Jutta Limbach an diesem Abend: »Es war richtig«, den Weg der strafrechtlichen Verantwortlichkeit zu gehen und individuelle Schuld nachzuweisen. Auschwitz und Bautzen seien nicht gleichgesetzt worden, behauptete sie wie ihresgleichen immer bei diesen Gelegenheiten (obwohl in der publizistischen und juristischen Praxis das und nicht anderes stattfand und mit wachsender Begeisterung stattfindet).

Aus dem vollbesetzten Saal heraus erfuhr die einstige Justizsenatorin Widerspruch: »Unter Ihnen haben diese Dinge stattgefunden.« Der Moderator Albrecht vermochte sich kaum zu zügeln. Damals habe ein »Westberliner Kammergericht ein Weltgericht« darstellen wollen. Doch hätte es angesichts der Situation ein internationales Gericht geben müssen, das sowohl die Verantwortlichen des Ostblocks als auch die des Westens bezogen auf die Folgen des Kalten Krieg hätte befragen müssen. Das SED-Politbüro dem bundesdeutschen Strafrecht zu überantworten, sei der eigentliche Sündenfall gewesen, denn »dann ist Feierabend, dann kann man nur noch beten«. Von den Richtern sagte Albrecht: »Sie hatten die Möglichkeit, den Osten zu verknacken«, und die hätten sie eben genutzt. 1989 aber hätte als Endpunkt des Zweiten Weltkriegs begriffen und mit einer Amnestie gekrönt werden müssen. Stattdessen sei eine Kriminalisierung von Millionen DDR-Bürgern erfolgt.

Linken-Politiker Gregor Gysi sagte, angesichts der damals praktizierten gerichtlichen Willkür habe sich die deutsche Rechtskultur selbst aufgehoben. »Sie ist zerstört worden.« Die tatsächlich praktizierte Gleichsetzung der DDR mit dem Hitlerreich sei eine »doppelte Unverschämtheit«, denn es waren die Besatzungsmächte nach dem von Deutschland verschuldeten Zweiten Weltkrieg, die für ihre Zonen die weitere Entwicklung festgelegt hätten. Angesichts des fundamentalen Sieges des Westens 1990, hätte sich Großzügigkeit angeboten. Aber die bestimmende deutsche Mentalität ist dafür nicht geschaffen: »Wenn du nicht aufhören kannst zu siegen, dann wirst du ganz schwer verlieren«, orakelte Gysi. Was gerade den heutigen deutschen Aufarbeitern so schwerfällt: »Verlierer sollte man niemals demütigen.« Irgendwann werde dafür die Rechnung präsentiert.

Anderes Recht gleich falsches Recht?

Im Zuge der Wende 1989/90 gewann der DDR-Bürger vieles an politischen Rechten. Dagegen verschlechterte sich für ihn die Situation im Arbeitsrecht, im Mietrecht, im Familienrecht und überhaupt im Prozessrecht. Das wird nicht dadurch ausgeglichen, dass heute beispielsweise allein in der Stadt Potsdam ca. 650 Anwälte tätig sind und damit 150 mehr als in der gesamten DDR zugelassen waren. Die atemberaubende Vermehrung der Advokatenzunft nach 1990 ist Ausdruck dafür, dass unendlich viel Energie in der Gesellschaft ins Unproduktive, eigentlich Negative verschoben wird. Die Zahl der Anwälte bietet keine Gewähr dafür, dass die Dinge dieses Lebens »gerechter« oder gar »besser« ablaufen. Es wird vor allem teurer. Die Tatsache, dass der DDR-Bürger – im Unterschied zum heutigen Ostdeutschen – nicht ständig mit juristischen Fragen konfrontiert war und sich mit ihnen befassen musste, stellte einen Wert an sich dar.

1991 gab Bundesjustizminister Klaus Kinkel (FDP) den sich nach Ostdeutschland auf den Weg machenden Richtern und Staatsanwälten einen klaren Auftrag mit auf den Weg. Es sagte damals nicht, sie hätten gegebenenfalls Unrecht zu sühnen. Sondern er sagte, sie hätten das »SED-

Regime zu delegitimieren«. Um diese Aufforderung in ein klares Deutsch zu übertragen: Egal, was da war, macht sie fertig. Das sollte zumindest im Einzelfall bedeuten: im Zweifelsfall eben nicht für den Angeklagten.

Die letztlich vorliegende Bilanz zehn Jahre später ist geradezu schockierend: Die ungeheure Zahl von 73 000 Ermittlungsverfahren gegen DDR-Hoheitsträger jeder Ebene führten zu gerade einmal 1500 Anklagen. Nur gut ein Zehntel davon, das heißt 187, endeten mit einem Urteil. Davon lauteten 66 auf Freispruch. Bleiben genau 121 Urteile, die nicht auf Freispruch hinausliefen, sondern auf Strafen von Bewährung bis Haft. Das Großmanöver »Juristische Aufarbeitung von SED-Unrecht« hat abschließend bewiesen: Die DDR war kein Unrechtsstaat. Anstatt sich bei den Zehntausenden zu Unrecht Bedrängten zu entschuldigen, bemüht sich im Anschluss die tief gestaffelte Aufarbeitungsindustrie agitatorisch und propagandistisch zu beweisen, was juristisch und sachlich nicht zu beweisen war. Die extreme Geringfügigkeit der »Ausbeute« dieses juristischen Großunternehmens war lange Zeit zuvor absehbar und erheischt eine Entschuldigung bei den ungerechtfertigt Bedrängten und Opfern. Denn von Sympathie der Richter für diese Beschuldigten kann beim besten Willen niemand ausgehen. Schon 1995 riet der spätere brandenburgische Generalstaatsanwalt Erardo Rautenberg presseöffentlich, angesichts der absehbaren Fruchtlosigkeit das ganze Unternehmen »Regierungs- und Vereinigungskriminalität« abzubrechen und die juristischen Kapazitäten auf relevante Felder zu konzentrieren. Er konnte sich zu diesem Zeitpunkt nicht durchsetzen, auch in Brandenburg musste sich die Sinn- und Nutzlosigkeit erst in ganzer Breite erweisen.

Es gab seit 1990 etwa zwei Dutzend Verurteilungen von DDR-Juristen wegen Justizunrecht, was in der Regel Rechtsbeugung betreffen sollte. Die geistigen und juristischen Grundlagen für diese Verurteilungen waren brüchig und zweifelhaft. Dass jeder Staat in der Ausgestaltung seiner Gesetzlichkeit souverän ist, wussten natürlich auch die bundesdeutschen Richter, die über ihre ostdeutschen Kollegen zu Gericht saßen. Auf die Formel »anderes Recht gleich falsches Recht« durften sie es – zumindest nach außen hin – nicht bringen, genausowenig wie auf die Formel »andere Rechtsprechung gleich falsche Rechtsprechung«. Die Richter nach 1990 mussten auf der Grundlage des geschriebenen DDR-Rechts entscheiden, das heißt der Rechtsprechung eines Staates, die sie nicht kannten und den sie nicht kannten. Dass sie es aber taten, beweist einmal mehr, dass die DDR kein Unrechtsstaat gewesen ist, denn wäre sie es, wäre also ihr Recht in Wirklichkeit Unrecht gewesen, dann hätten die Richter nach der staatlichen Vereinigung dieses Unrecht nicht anwenden dürfen. Und hätten sie es dennoch getan, wären ihre Urteile auf dieser Grundlage Unrecht gewesen und – beispielsweise – könnte Egon Krenz heute für seine Haftstrafe Entschädigung verlangen.

Die westdeutschen Richter urteilten nach DDR-Recht. Es fand also eine Fremdrechtsanwendung im doppelten Sinne des Wortes statt. Aber der ungesetzliche Grenzübertritt (»Republikflucht«) beispielsweise war eine Straftat nach § 213 des Strafgesetzbuches der DDR, den DDR-Richtern blieb nichts anderes übrig, als das zu berücksichtigen und damit im Grunde auch ihren bundesdeutschen Nachfolgern. Nebenbei: Auch die internationale Staatengemeinschaft erkennt den ungesetzlichen Grenzübertritt nicht an. Er ist – entweder von der einen oder von der anderen Seite her so bewertet, meist aber von beiden Seiten – immer ein Straftatbestand. Zweifellos ist es nicht das Gleiche, ob ein Staat die Aus- oder die Einreise behindert. Aber der Effekt ist der gleiche: Es bleibt in jedem Fall die Einschränkung der Bewegungsfreiheit des Menschen. Weil krude Vorstellungen der »Aufarbeiter« hier ihre tiefsten Wurzeln haben, ist ein klärendes Wort vonnöten: Die Grenze der DDR zur Bundesrepublik und zu Westberlin war in zweiter Linie eine deutsch-deutsche Grenze. In erster Linie war sie die Grenze zweier Weltsysteme, deren Zentren in Washington und Moskau lagen und die mit Atomwaffen aufeinander angelegt hatten. An eine solche – hoch sensible, hoch riskante – Grenze kann man nicht die Maßstäbe anlegen wie an die zwischen Frankreich und der Schweiz. Das wäre absurd und bar jeglichen Realitätsverständnisses. Genau so aber wurden diese Dinge nach 1990 vor deutschen Gerichten betrachtet.

Das Problem für die Justiz in der Nachwendezeit: Es existiert ein Unterschied zwischen falscher Rechtsanwendung und Rechtsbeugung. Nur die letztere erfolgt in Kenntnis des begangenen Unrechts und ist damit gesetzwidrig. Weil jedoch nicht einem einzigen der Angeklagten ein Verstoß gegen DDR-Recht nachgewiesen werden konnte, hieß es in den Urteilsbegründungen in der Regel, die Härte der Urteile habe in krassem Missverhältnis zum Delikt gestanden. Die Nachwende-Richter hielten es ernsthaft für ein stichhaltiges Argument, dass Straftaten, sagen wir von 1960, in diesem anderen Staat anders bewertet wurden als der Bundesgerichtshof solche Taten 1995 bewerten würde.

Nazis hatten es wieder einmal besser

Während es sich von selbst verstand, dass DDR-Richter wegen überhöhter Urteile und Rechtsbeugungsvorsatz zu bestrafen waren, verstand es sich ebenso von selbst, dass bei der Bewertung der Nazi-Juristen kein einziges bundesdeutsches Gericht den Rechtsbeugungsvorsatz unterstellt hatte. Für einen außenstehenden Betrachter stellt sich die bundesdeutsche Logik demnach so dar: Weil der Massenmörder davongekommen ist, muss der Eierdieb nun doppelt und dreifach bestraft werden. Und die unerhörte Begründung dafür lautete, was an Nazi-Richtern versäumt worden sei, dürfe schließlich bei DDR-Tätern nicht wiederholt werden. In Wahrheit wurden Hitlers willige Vollstrecker im Justizdienst (80 Prozent von ihnen sind Mitglieder der NSDAP gewesen) in der Nachkriegsdemokratie keine einzige Sekunde lang als Belastung empfunden, sie durften erfolgreich ihre Karrieren im Staatsdienst fortsetzen und Ehrenerklärungen der Heuss-Adenauer-Regierung einfordern. Mithin: Aus den gleichen Überlegungen heraus, aus denen die Strafverfolgung der Nazis unterblieb, wurde sie im Falle der Kommunisten mit zielbewusster Härte vorangetrieben. Hier wurde ein politisches und juristisches Grunddenken nicht etwa geändert – hier wurde es beibehalten. Der Schutz der faschistischen Werkzeuge in Richterrobe und der breite Angriff auf die DDR-Justiz sind zwei Seiten ein und derselben Medaille.

Zu allen Zeiten wurde die Gesetzlichkeit als Instrument zur Durchsetzung der staatlichen Machtbeziehungen benutzt. Recht und Gesetz sind immer politisch geprägt, das heißt von Interessen, welche vor allem und in erster Linie Aneignungsinteressen sind. Richter und Staatsanwälte hatten und haben immer ihren jeweiligen Staat und dessen Rechtssystem zu schützen, in diesem Fall nicht irgendeinen Staat, sondern die DDR. Richter und Staatsanwälte waren in der DDR ausschließlich an das geschriebene Recht gebunden, sie konnten es nicht infrage stellen. Ihnen das vorzuwerfen, hieße, ihnen ihren Beruf vorzuwerfen. Genau das ist aber ist vor bundesdeutschen Gerichten geschehen.

Auch wenn damit nicht alles gesagt ist: Keines der dazu befugten internationalen Gremien (UNO) hat die DDR jemals der Verletzung der Menschenrechte bezichtigt. Und selbst wenn man absurder Weise strikt das westdeutsche Recht zum Maßstab nehmen würde – also das Recht eines anderen Staates mit einer anderen Gesellschaftsordnung –, so wäre zu konstatieren, dass rechtstaatliches Denken und Handeln im Laufe der DDR-Jahrzehnte an Boden gewann. In rechtspolitischen Texten von Rechtsstaat gesprochen wurde im Osten Deutschlands bis 1948, dann zwischen 1962 und 1968 und schließlich ab 1988 (zum Schluss von »sozialistischem Rechtsstaat«).

Es gab – wie gesehen – nach 1990 zweifellos Einzelfälle, in denen nicht Unrecht gesühnt, sondern durch »kreative Anwendung« des Rechts Unrecht geschaffen wurde. Angesichts der oben aufgeführten Minimalität der Gesamtbilanz jedoch lässt sich schlussfolgern, dass sich die bundesdeutsche Justiz im Großen und Ganzen der Nachwendehysterie hat entziehen können, wie sie von Medien und politischen Parteien geschürt wurde und wie sie – siehe Kinkels Äußerung – als politischer Leitfaden existiert hatte.

Ringen um Verständlichkeit

Was wäre weiterhin als Verschlechterung für den Ostdeutschen anzusehen? Mit der DDR-Justiz verlor er Vorteile, die nachhaltig, tiefgreifend und unübersehbar waren. Es gibt wenig Felder des gesellschaftlichen Lebens, in denen sich die Vorteile so klar aus den Nachteilen ergeben (und umgekehrt) wie in der Justiz.

Gelobt werden muss die Verständlichkeit der DDR-Gesetzestexte – auch in den höchsten Rechtsaussagen. Heute gilt für den Ostdeutschen ein Recht von Juristen für Juristen und Verständlichkeit wird nicht einmal angestrebt. In den heute typischen Anwaltsprozessen verhandelt das Gericht nicht mit den Bürgern, sondern mit den Anwälten. Und in immer stärkerem Maße »dealt« es mit den Prozessparteien. Das war in der DDR zum Glück, zum Wohle ihrer Bürger und zur Sicherung der Rechtskultur anders.

Was es eigentlich noch mit Freiheit zu tun haben kann, wenn der »Normalsterbliche«, das heißt der Mensch ohne zweites juristisches Staatsexamen, im gegenwärtigen Rechtssystem beinahe willenlos und blind durch den Nebel geführt werden kann, sollte einmal debattiert werden. Recht ist heute die Geheimwaffe einer Kaste. Zweifellos bestand auch zu DDR-Zeiten die Schwierigkeit für Nichtjuristen, das rechtlich Wesentliche vom Unwesentlichen zu trennen. Das ist in komplexen Rechtsverhältnissen, wie moderne Staaten sie ausprägen müssen, gar nicht anders möglich. Immerhin wurden seinerzeit Versuche unternommen, diese Dinge auch den Laien zu erleichtern, und sie waren nicht erfolglos.

Ein großartiges Beispiel ist die Ablösung des Bürgerlichen Gesetzbuches durch das DDR-Zivilgesetzbuch. In vielem war das DDR-Recht moderner, was auch darin zum Ausdruck kam, dass die alberne Robentracht an den Gerichten in den frühen fünfziger Jahren abgeschafft worden war. Es herrschte eine klare Struktur von Kreis-, Bezirks- und Oberstem Gericht. Die Wege zum Recht waren nicht einmal halb so lang wie heute.

Im Verlaufe der vierzig Jahre DDR wurden zwölf Amnestien verkündet, in der Bundesrepublik gleichzeitig vier. Die allermeisten DDR-Verurteilten haben ihre – oft unter heutigem Blickwinkel sehr harten – Strafen demnach nicht absitzen müssen. Nach der Wende hat es überhaupt keine Amnestien mehr gegeben. Natürlich, zum einen bleibt der nicht auszuräumende Vorwurf der Willkür bestehen, der bis zur Rechtsunsicherheit reichen kann. Zum anderen waren die häufigen Amnestien in der Gesellschaft keineswegs populär, sie waren natürlich auch eine Belastung.

Erkennbar war im Ganzen das Bemühen der DDR-Justiz, Fehlverhalten zu dekriminalisieren. Eingeführt wurde im Strafrecht eine soziale Dimension, eingeführt wurden Bewährungsarbeit, öffentlicher Tadel, Schiedskommissionen. Diese sozialen Dimensionen gingen wesentlich über das Resozialisierungsmoment des bundesdeutschen Strafrechts hinaus. Die Zeit im Strafvollzug wurde bei der Rentenberechnung zu DDR-Zeiten anerkannt. Um diese Rentenpunkte wurden die Strafgefangenen von einst nach der Wende betrogen. Das ist ein erheblicher Nachteil sowohl für die einstigen politischen als auch anderen Strafgefangenen.

Die UNO lobte die niedrige Kriminalitätsrate der DDR. Das hing mit der Kriminalitätsentwicklung und dem Umgang der DDR-Justiz mit Kriminalität zusammen, der beispielhaft und einer der ganz großen Erfolge des DDR-Sozialismus gewesen ist. Wurden kurz nach dem Krieg in der sowjetischen Besatzungszone noch um die 500 000 Straftaten gezählt, so pegelte sich die Zahl danach bei etwa 100 000 ein. Die DDR wurde von der UNO zu den zehn Staaten mit der geringsten Kriminalitätsbelastung der Erde gezählt. Insgesamt und gemessen an der Bevölkerungszahl war die Kriminalität zehn Mal niedriger als in der Bundesrepublik (dort 4 Millionen Straftaten pro Jahr). Natürlich ist es nicht so, dass sich die Kriminalität in Ostdeutschland nach der Wende verzehnfacht hätte. Aber einen Anstieg erfuhr sie dennoch. Dass es nicht ganz so schlimm kam, liegt vor allem daran, dass mit dem Nachwende-Geburtenknick der für Kriminalität besonders infrage kommende Bevölkerungsteil – die jungen Männer – zahlenmäßig deutlich zurückging und viele der noch vorhandenen auf der Suche nach Arbeit ihre Heimat verließen.

Das Amnestie-Beispiel und die extrem niedrige Kriminalität beruhten aber nicht in erster Linie auf Unfreiheit, sondern zum einen auf konsequenter Strafverfolgung, zum anderen auf einem vorbildlichen System der Wiedereingliederung, welche die beängstigenden Rückfallquoten ausschlossen, die wir im heutigen Deutschland beklagen. Haftentlassene erhielten in der DDR sofort Wohnung und Arbeit. Sie wurden auf ihrem weiteren Lebensweg betreut, was vielfach »auf die Knochen« gerade kleinerer SED-Mitglieder ging, die man damit einfach per Parteiauftrag behelligen konnte. (Das auch zum Kapitel: Privilegien für SED-Bonzen.) Sicher genießen auch gegenwärtig entlassene Strafgefangene eine Art Betreuung. Die ändert aber nichts daran, dass sie in jeder Hinsicht »ganz unten« anfangen müssen.

Erkennbar waren zu DDR-Zeiten im Ganzen das Bemühen um theoretische Ansätze und praktische Versuche
für humanistische Alternativen auch auf dem Gebiet des
Strafrechts. Zu nennen wäre die Einführung von Bewährungsarbeit, der öffentliche Tadel, das Jugendstrafrecht,
ganz allgemein die Einführung sozialer Dimensionen.

Es ist nicht so, dass in den vergangenen drei Jahrzehnten nur Unfug über die Justiz der DDR verbreitet worden wäre. Als bemerkenswertes Beispiel kann hier Inga
Markovits' »Gerechtigkeit in Lüritz – eine ostdeutsche
Rechtsgeschichte« dienen. Als westdeutsche Juristin,
die in Texas lebt, hat sie lange Monate im Archiv eines
nordostdeutschen Kreisgerichtes verbracht (Lüritz steht
vielleicht für Rostock, vielleicht für Wismar oder Greifs-
wald), und sie verzichtet auf den arroganten Schwung
der sonstigen »Aufarbeitung«: »Ich komme von außen,
aus einer Gesellschaft mit Rechtskonventionen, die mich
DDR-Ereignisse und Berichte leicht fehldeuten lassen«.
Merkwürdig und unerklärlich an diesem Buch ist eigentlich nur sein Titel, denn natürlich befasst sich Frau Markovits nicht mit Gerechtigkeit, sondern mit Recht in
Lüritz, also mit dem, was in den vierzig DDR-Jahren dort
als Recht erarbeitet und verkündet wurde. Keineswegs ist
sie von allem begeistert, was ihr in den Akten begegnet,
unbestechlich entdeckt sie Defizite, die zum Teil empö-
rende Ausmaße angenommen hatten, doch beschreibt sie
mit der Abgeklärtheit eines klugen Menschen, der dem
ihm Fremden und Ungewöhnlichen auch Berechtigung
zubilligen kann. Als Unterschied zwischen DDR-Justiz-
akten und den westdeutschen entdeckt sie, das erstere im
Alltagsdeutsch verfasst seien, letztere im »Juristenlatein«,
welches »keinen menschlichen Konflikt« beschreibe.

»DDR-Akten erzählen eine Geschichte. Sie beginnen am Anfang und hören auch am Ende einer Auseinandersetzung oft noch nicht auf.« Verblüfft stand die Autorin vor einem Selbstverständnis und Selbstbild der DDR-Richter, das ihr ein völlig unbekanntes war: »Viele Probleme lösen sie schon am Telefon.«

»Die Entscheidungen haben etwas altväterlich Vernünftiges. Vor allem aber sind Richter dieser Jahre praktisch.« Das Ganze hat aus Sicht der Autorin oft etwas Familiäres, vor allem, wenn Menschen sich von ihrem Betrieb oder überhaupt ungerecht behandelt fühlten. »Denn auch wenn eine Klage abgewiesen oder zurückgenommen wird, ja sogar, wenn das Gericht sich in einem Streit für unzuständig erklärt, kümmern die Richter sich um die Sorgen der betroffenen Arbeitnehmer.« Der Richterberuf in der DDR war aus Markovits' Sicht kein Traumberuf. »Und doch waren Richter wichtige Akteure bei der Verwirklichung einen Traums, dem sich nach ihrem eigenen Verständnis auch die DDR verschrieben hatte: dem Traum von einer gerechten Gesellschaft.«

Nicht auch noch Nazi-Opfer verhöhnen

Nach dem Krieg wurden im Osten Deutschlands konsequent faschistische Elemente aus der ostdeutschen Justiz entfernt. Der damit verbundene Verlust an justizieller und Verfahrenskultur erschien billig neben dem Ziel, dass die Opfer der Nazi-Justiz nicht auch noch verhöhnt werden sollten, indem ihre Peiniger weiter in Amt und Würden bleiben und überhöhte Pensionen kassieren können. Die Bundesrepublik wählte einen anderen Weg, so dass vereinfacht geschlossen werden kann: 90 Prozent der Nazi-Richter wurden im Osten ihrer Funktion enthoben, während im Westen 90 Prozent ihre Position halten beziehungsweise sogar noch verbessern konnten. Der Artikel 123 des Grundgesetzes regelte in der Bundesrepublik die Fortgeltung des alten faschistischen Rechts (abgesehen von den Bestimmungen, welche von den Alliierten aufgehoben worden waren), der Artikel 131 und die abgeleiteten Bundesgesetze die üppige Versorgung von Hitlers willigen Vollstreckern in Staat, Justiz und Diplomatie. Die Konsequenzen sind haarsträubend. Nach der Wende drangen die beamtenrechtlichen Privilegien sogar in osteuropäische Staaten vor. Denn die einheimischen Hilfswilligen der Deutschen Wehrmacht, der SS und anderer Formationen erhielten nun als zeitweilige deutsche Staatsdiener Renten ausgezahlt, die sie gegenüber anderen Einheimischen finanziell privilegierten. Und gegenüber ihren einstigen Opfern sowieso. Kinder, Enkel und Enkelkinder auch dortzulande können bis auf den heutigen Tag sehen und lernen, dass es sich am Ende dennoch gelohnt hat, für Deutschland die Juden zusammengetrieben zu haben. Dass sich die DDR dessen nicht zu zeihen hat, nimmt für sie ein.

Klare, moderne Gliederung

Im Gegensatz zum antiquierten Durcheinander der gegenwärtigen justiziellen Zuständigkeit war die DDR-Justiz vorbildlich modern, übersichtlich und klar gegliedert in Kreis- und Bezirksgerichte sowie Oberstes Gericht. Jeder Kreis – die seinerzeit viel kleiner geschnitten waren als heute – verfügte über ein erstinstanzliches Gericht. Die ungeheuren Zeitspannen, die gegenwärtig oft zwischen Tat und Verhandlungen liegen, waren der DDR-Rechtsprechung fremd, das war zweifellos ein Beitrag zur Rechtssicherheit und diente dem Rechtsfrieden. Ein Fall wie den rassistischen Überfall eines lynchbereiten Mobs in Rostock-Lichtenhagen auf Vietnamesen, der erst acht Jahre später verhandelt wurde, ist in der DDR-Justizgeschichte nicht vorgekommen. Wie viele Jahre mussten vergehen, bevor die deutsche Justiz in Sachen Duisburger Love-Parade mit ihrem entsetzlichen Ausgang überhaupt erst einmal zu verhandeln begann? Man kann diese Dinge auch als fahrlässig herbeigeführte Aufhebung des Rechtsstaats interpretieren.

Im Unterschied zur heutigen Praxis wurde im DDR-Strafprozess über Schadenersatzansprüche gleich mit entschieden (Adhäsionsverfahren). Das war nicht nur prozessökonomisch, sondern auch vorteilhaft für die Geschädigten, das heißt opferfreundlich. Dagegen fühlen sich heute solche Opfer vielfach alleingelassen, und wenn eine Hilfsorganisation wie der »Weiße Ring« unterstützend eingreift, so handelt es sich jedenfalls nicht um ein einklagbares Recht.

Ehescheidungen waren zu DDR-Zeiten eine Sache von wenigen Terminen, nicht wie heute – häufig – eine von Jahren. Während die bundesdeutsche Justiz lange Zeit noch an einem »Schuldprinzip« in Scheidungsfragen festhielt und genüsslich schmutzige Wäsche wusch, befassten sich die DDR-Gerichte mit dergleichen nicht mehr. Dort hieß es klar und einfach, die Ehe sei zu beenden, wenn sie ihren Sinn verloren hatte.

Nicht gleich die Keule der Justiz

Die DDR setzte in vielen Streitbereichen auf gesellschaftlichen Ausgleich und Schlichtung durch Schiedsstellen und Konfliktkommissionen. Erkennbar und hartnäckig blieb das Bemühen um eine Dekriminalisierung – das heißt, Regelverstöße wurden nicht gleich mit der Keule der Justiz beantwortet. Ähnliche Dinge sind inzwischen auch eingeführt, die Wirksamkeit, wie sie zu DDR-Zeiten hatten, ist nicht erkennbar.

Homosexualität

Die Strafverfolgung von Homosexualität war in der DDR seit 1957 ausgesetzt. – Nach 1990 gerieten Schwule wieder ins Fadenkreuz des Strafrechtsparagrafen 175. Bis 1994 waren sie nach gesamtdeutschem Recht prinzipiell wieder Straftäter. Im Einigungsvertrag aber wurde festgelegt, diesen Paragrafen auf dem »Beitrittsgebiet« nicht anzuwenden, weil Homosexualität in der DDR grundsätzlich nicht mehr strafbar gewesen ist. Ostdeutsche Schwule durften demnach ihre sexuelle Neigung nicht auf dem Boden der alten Länder ausleben, in den neuen blieben sie dagegen vor Verfolgung sicher.

Faschismusverbot

Die DDR-Verfassung kannte ein Faschismusverbot – im Grundgesetz der BRD findet sich dergleichen nicht. Ist das Einschwören auf bürgerlich-demokratische Verhältnisse ein ausreichender Ersatz? Allenfalls bedingt. Denn wo immer auf diesem Erdball Faschismus sein Mörderhaupt erhoben hatte – die bürgerliche Demokratie war der Schoß, aus dem er gekrochen war. Sie hatte ihn jedesmal geboren. Es existiert keine Ausnahme. Um es – etwas abgewandelt – mit Brecht zu sagen: Er vernichtete, was sie übrig gelassen hatte. Die DDR hatte diesen wesentlichen Umstand in ihre Bewertung der bürgerlichen Demokratie einbezogen.

Wehrmachtsdeserteure

Menschen, die sich dem verbrecherischen Krieg Adolf Hitlers verweigerten und bestraft wurden, konnten in der sowjetischen Besatzungszone laut Befehl Nr. 228/46 der Sowjetischen Militäradministeration die Nichtigkeitserklärung des Urteils beantragen, wenn die verurteilte Tat »aus politischen Beweggründen« begangen worden war und sich gegen das NS-Regime richtete, ferner, wenn »die Handlung in irgendeiner anderen antifaschistischen Kampfhandlung bestand« oder das Urteil »auf Verstößen gegen die nationalsozialistische, in rassischer, religiöser und politischer Hinsicht diskriminierende Gesetzgebung beruhte«. Eine Aufhebung eines Urteils wegen Fahnenflucht war ebenfalls nur über den Nachweis eines (möglichst antifaschistischen) Widerstands gegen den Nationalsozialismus möglich. Dieser SMAD-Befehl trat mit dem Einigungsvertrag zwischen der Bundesrepublik Deutschland und der DDR außer Kraft, da in dem Vertrag eine Fortgeltung eventuell bestehender Bestimmungen in der DDR zur Aufhebung von NS-Unrecht für das Gebiet der fünf neuen Bundesländer nicht festgelegt wurde. Auf ihre prinzipielle Rehabilitierung mussten ostdeutsche Wehrmachtsdeserteure demnach gemeinsam mit den Betroffenen in Westdeutschland bis 2002 warten, sofern sie es denn überhaupt erlebten.

Das Durchschnittsbild der Frau,
deren Rechte wir festlegen,
muss das der berufstätigen Frau sein.

DDR-Justizministerin Hilde Benjamin

Um Epochen voraus

Die Frauen bildeten die größte Opfergruppe der Wende

Wenn Frauen Berufe ergreifen, studieren, in den gesell-schaftlichen Hierarchien Stufen erklimmen, gilt das auf der ganzen Welt als wünschenswerter Ausdruck für Emanzipation und sich entwickelnde Gleichberechtigung. Davon gibt es nur eine Ausnahme: die DDR. Die Tat-sache, dass die diktatorische DDR der demokratischen Bundesrepublik beim Thema Frauenrechte um Epochen voraus war, hat als Ausdruck für ihren Zwang zu gelten, Arbeitsplätze zu besetzen. Für etwas anderes nicht. Po-sitive Stimulanzen sind diesem Staat in diesem Punkt – wie in allen anderen – nicht zuzugestehen. So will es die »Aufarbeitung«.

Als es 1990 zur staatlichen Vereinigung der beiden deutschen Staaten kam, hatten mehr als 90 Prozent der DDR-Frauen über 25 Jahren entweder eine Berufsausbil-dung, einen Fachschulabschluss oder den Abschluss eines Hochschulstudiums. In der ehemaligen Bundesrepublik traf das auf 35 Prozent der Frauen zu – wenn überhaupt. So sah es aus, das eigentliche, das wirkliche Erbe von DDR-Bildungsministerin Margot Honecker. Es ist sehr

unterhaltsam zu sehen, wie Autoren und gerade Auto-
rinnen im publizistischen Bereich bis heute oft übereifrig
darauf bedacht sind, die Leistungen der DDR an dieser
Stelle mit einem »einerseits, andererseits« kleinzuma-
chen und schlechtzureden. Richtig, je höher die Ebene in
Politik, Wirtschaft oder Gesellschaft, desto geringer der
Frauenanteil auch in der DDR, aber schon damals galt die
Verpflichtung in vielen Bereichen, wieder Frauen einzusetzen, wenn Frauen aus welchem Grund auch immer einen
bestimmten Posten geräumt hatten.

Aber Durchbrüche gab es in Ostdeutschland nicht allein zu DDR-Zeiten, sondern auch davor. Während noch
heute deutsche Frauen im Schnitt 25 Prozent weniger
verdienen als Männer – auch wenn sie in der gleichen Position arbeiten –, sah dies im Osten anders aus. Bereits am
17. 8. 1946 ordnete die Sowjetische Militäradministration
für ihre Besatzungszone die berufliche Gleichstellung
von Mann und Frau an: »Gleicher Lohn für gleiche Arbeit« (SMAD-Befehl Nr. 253). Die DDR hat 1949 diesen
Grundsatz per Verfassung übernommen. Mit dem Einzug
demokratischer Zustände 1990 hatten die ostdeutschen
Frauen hier das Nachsehen.

Die nach 1990 einziehende Massenarbeitslosigkeit traf
in erster Linie die ostdeutschen Frauen. Vielfach zogen
sie den Kürzeren, wenn der Betrieb vor die Entscheidung
gestellt war, den Ehemann oder die Ehefrau zu entlassen.
Ein großer Teil von ihnen fand nie wieder Arbeit. In den
westgeprägten Politetagen herrschte eine verhaltene Wut
über diese unverschämten Ostfrauen, die auch über das
erste Jahr Arbeitslosigkeit hinaus sich als solche registrie-
ren und nicht als »Hausfrau« aus der Arbeitslosenstatis-
tik drängen ließen.

Sind dies aber die einzigen Punkte, über die zu reden lohnt?

Während in der Bundesrepublik lange Zeit die Frauen nicht über dieselben Rechte verfügten wie Männer, wurde das in der DDR praktisch von Beginn an korrigiert. Die Gleichstellung in der Ehe war gesetzlich garantiert. Eine Unterwerfung der Frau unter den Ehemann – in der Bundesrepublik Bestandteil der heiligsten Güter – wurde abgeschafft. Die DDR-Frau war nicht gesetzlich gezwungen, ihr Geld dem Gatten auszuhändigen, wie das in der deutschen Demokratie ihre gesetzliche Pflicht war. Vor allem die niederträchtige Diskriminierung unehelicher Kinder gegenüber denen, die in Ehen geboren wurden, wurde in der DDR beseitigt, in der Bundesrepublik dagegen noch Jahrzehnte lang per Bürgerlichem Gesetzbuch aufrechterhalten. DDR-Justizministerin Hilde Benjamin bemühte sich mit Erfolg um den Eintritt von Frauen ins Justizwesen zu einer Zeit, als Frauen dieser Weg in der Bundesrepublik praktisch verschlossen war. Der Richterberuf war in der DDR – wie auch der Lehrerberuf – vorwiegend Frauensache.

Der den DDR-Frauen gewährte monatliche Haushaltstag milderte die Doppelbelastung Beruf und Familie. Geschaffen wurde ein modernes DDR-Familienrecht. Justizministerin Benjamin dazu: »Das Durchschnittsbild der Frau, deren Rechte wir festlegen, muss das der berufstätigen Frau sein.« Frauen-Förderpläne und Frauen-Qualifizierungsprogramme griffen in der DDR Jahrzehnte bevor in den Karriere-Ebenen des öffentlichen Dienstes der neuen Länder ähnliches eingeführt wurde. Als die staatliche Vereinigung 1990 stattfand, brachte die DDR einen Anteil hoch qualifizierter, selbstbewusster Frauen

mit in die deutsch-deutsche »Ehe«, der – wie bewiesen –
viel höher lag als in den alten Ländern.

Abgeschafft wurden im Zuge der Wende die den berufstätigen DDR-Frauen zugestandenen zwölf bezahlten
Haushaltstage im Jahr. Abgeschafft wurde – zunächst –
das Baby-Jahr, die bezahlte Freistellung nach der Geburt.
Was dann als »Erziehungsurlaub« angeboten wurde,
war keine Entsprechung. Erst viele Jahre später kam der
deutsche Staat mit der »Elternzeit« auf diese Idee der
DDR-Sozialpolitik zurück. Der Vorgang fällt also zum
einen unter das Kapitel »Was hat sich seit der Wende für
den Ostdeutschen verschlechtert?«, zum anderen unter
das Kapitel »Wo war die DDR Vorbild für den demokratischen deutschen Staat?«

Die DDR hatte es jungen Frauen 1982 ermöglicht,
den Streitkräften beizutreten, das heißt, der Nationalen
Volksarmee. Am 25. März 1982 wurde das Wehrgesetz
entsprechend geändert. Diese Frauen flogen 1990 aus der
nunmehr vereinten Armee (um zehn Jahre später andere,
neue Frauen dann dort zuzulassen).

Bemerkenswert auch die Entwicklung um den inzwischen medial überaus breit gefeierten Internationalen
Frauentag. Zwanzig Jahre lang ist dieser Frauentag als
Ostfolklore und zu belächelndes DDR-Relikt behandelt
und abgetan worden. Warum eigentlich? Vielleicht doch,
weil der östlich gelegene Staat im Punkt Frauenrechte die
Bundesrepublik um Längen abgehängt hatte?

Die Freiheit ist ein eitles Hirngespinst,
wenn eine Klasse von Menschen
die andere ungestraft aushungern kann.

Jacques Roux

Klassen per Gesetz

Soziale Unterschiede sind längst
asoziale Unterschiede

Der Beitritt der DDR zum Geltungsbereich des Grundgesetzes war mit einschneidenden Veränderungen verbunden. Die Sozialpolitik der DDR verlor Gesetzeskraft und Gültigkeit. Abgeschafft wurden 1990 der DDR-Ehekredit für junge Menschen. Abgeschafft wurde die kostenlose Pille. Abgeschafft wurde das Baby-Begrüßungsgeld, abgeschafft wurde die Möglichkeit, pro Kind vom zinslosen Ehekredit Geld erlassen zu bekommen, bei der Geburt eines dritten Kindes die gesamte Summe. In der DDR war die junge Generation im Durchschnitt viele Jahre früher finanziell selbständig als ihre heutigen Altersgefährten. In einer ihnen sicher erscheinenden Welt drängte sie aus dem (oft engen) Elternhaus. Das schützende »Hotel Mama« als Massenerscheinung war der Nachwendezeit vorbehalten. Zu DDR-Zeiten sah man überall vor dem Haus spielende Kinder. Wer hat die alle nach 1990 verschluckt? Abgeschafft wurde das Babyjahr für junge Mütter. (Etwas Ähnliches ist später mit der »Elternzeit« wieder eingeführt worden.) Auf der Kippe stand auch die Abtreibe-

Regelung der DDR, doch ist es – im Großen und Ganzen zumindest – bei ihren wichtigsten Prämissen geblieben. Natürlich vorbei war es auch mit dem relativ ausgeglichenen Gehalts- und Lohnniveau der DDR mit Kultur- und Bildungsplänen in den innerbetrieblichen Strukturen, sofern die Betriebe überhaupt überlebten.

Im Zuge der D-Mark-Einführung wurde die Gesamtsumme der ostdeutschen Sparvermögen um ein Drittel reduziert, von 193 Milliarden DDR-Mark auf 129 Milliarden D-Mark. Der Verlust wird noch größer, wenn man sich vor Augen hält, dass die Binnenkaufkraft der DDR-Mark deutlich höher lag als die der D-Mark. Mit 300 DDR-Mark konnte man in der DDR problemlos einen Monat überstehen, mit 300 D-Mark ging das im vereinigten Deutschland nicht. Hier ging den Ostdeutschen ein gewaltiges finanzielles Polster verloren.

Im Falle der sozialen Bedürftigkeit – die es auch in der DDR gab, wenn auch in ungleich geringerem Maße als heute – wurde das Kindergeld erhöht. Heute wird das Kindergeld im Falle der sozialen Bedürftigkeit gestrichen, so grotesk das klingt. Im Beamtendeutsch heißt das: mit dem Hartz-IV-Satz »verrechnet«. Weil Kinder in sozialbedürftigen Familien leben und ihr Kinder-Hartz-IV beziehen, haben sie nicht zusätzlich auch noch Anspruch auf Kindergeld.

Dass dieselben Beamten für ihre eigenen Kinder noch Extra-Kindergeld beziehen (Familienzuschlag), rundet das Bild entsprechend Weise ab. Auf diese Weise lebt die Gesellschaft mit einer bodenlosen Unverfrorenheit: Der vom Staat vorgenommenen Klasseneinteilung bei den Kindern. Tatsächlich, der Staat teilt in mindestens drei Kinderklassen ein, die er finanziell unterschiedlich ausstattet:

Die niedrigste Kinderklasse bilden die Hartz-IV-Kinder, bei denen wird – wie gesehen – das Kindergeld mit dem Sozialsatz verrechnet, das heißt, sie kriegen gar keins. Über ihnen steht die Klasse der normalsterblichen Kinder, denen das Kindergeld zugestanden wird. Sie blicken hoch auf die Klasse der Beamtenkinder, die neben dem Kindergeld noch ein sattes Beamtenkindergeld kassieren.

Ist es nicht eine zivilisatorische Mindestforderung, dass dem Staat finanziell gesehen zumindest die Kinder alle gleich viel wert sein müssten? Bezeichnend ist nicht, dass kein Politiker aus dem traditionellen Parteienangebot diese Frage beantwortet. Wichtiger ist, dass sie sich diese Frage nicht einmal stellen.

Dass diese Situation auf die gesamte Gesellschaft vergiftend und demoralisierend wirkt, ist für jedermann zu spüren.

Kein Ferienlager für alle mehr

Die relative soziale Gleichheit der DDR sicherte allen Kindern kostengünstige Ferienlagerbesuche. Heute fahren arme Kinder gar nicht mehr, die privilegierten dagegen können vielfältige Welterfahrungen sammeln.

Vor zwanzig Jahren hat das Land die Möglichkeit des zusätzlichen Bildungsurlaubs eingeführt – dass diesen bis auf wenige Ausnahmen nur der öffentliche Dienst nutzt und auch nutzen kann, interessiert bei der Bewertung dieser »Errungenschaft« ebensowenig wie der gefeierte »Ferienpass«, der Schülern 20 Prozent des Freizeiteintritts erspart. Was hat ein Hartz-IV-Kind davon, dass der Eintritt statt 10 Euro nun 8 Euro kostet? Es hat auch dieses Geld nicht. Es hat auch das Geld für die Fahrt dorthin nicht. Nein, reiche Kinder sparen hier noch einen ordentlichen Euro. Es sind nur Beispiele für das Sonnensystem der Vorrechte, die sich inzwischen eingebürgert haben.

Das massive Absinken der Wahlbeteiligung geht in Deutschland einher mit einer Klage über diese zunehmende Verweigerung, die ritualisiert und kraftlos über die politische Bühne schleicht. Denn sie ist im Grunde nicht ernst gemeint. Politikern kann ja auch völlig egal sein, dass tendenziell immer mehr Menschen sich seit 1990 der Wahlhandlung enthalten haben. Selbst wenn nur zehn Prozent der Wahlberechtigten von diesem Recht Gebrauch machen würden, könnten die so gewählten Körperschaften zusammentreten. Erst wenn eine halbierte Wahlbeteiligung auch zu einer Halbierung der zu besetzenden Mandate führen würde, gäbe es in diesen Kreisen ein Aufwachen.

Die rot-rote Landesregierung Brandenburgs hat 2018 das beitragsfreie letzte Kita-Jahr eingeführt und sich ob ihrer gerechten und sozialen Politik feiern lassen. Bei der Frage, wer hier eigentlicher Nutznießer ist und was diese Maßnahme in ihrem Kern bedeutet, sollte man genau hinschauen, bevor man leichtfertig mitjubelt. Denn die alleinerziehende Hartz-IV-Mutti hat gar nichts davon, sie hat ja schon vorher keine Kita-Beiträge gezahlt. Der Handwerker-Geselle spart vielleicht 100 Euro im Monat, also 1200 Euro im Jahr. Wirklicher Profiteur ist das verbeamtete Lehrer-Ehepaar, das aufgrund seines Einkommens den Kita-Höchstsatz zahlen musste. Hier kann eine Einsparung von 5000 Euro im Jahr zusammenkommen.

So sieht es aus, wenn die letzten Gesetze, die auf die unfassbaren sozialen Abstände im Osten Deutschlands reagiert haben, nun auch noch geschleift werden.

Nachteile auch für die »Dritte Generation Ost«

Zu den Legenden über die DDR gehört auch die, ihre Gesellschaft sei »proletarisiert« worden.

Wieder einmal ist das Gegenteil wahr, tatsächlich verfolgte die DDR ein Bildungs- und Hochschulprogramm, wie es niemals zuvor in Deutschland gegolten hatte. Im Zuge der politischen Wende fand ein großflächiges Verdrängen Ostdeutscher aus intellektuellen und Leitungspositionen statt, das heißt, erst jetzt hätte man mit Berechtigung von einer Proletarisierung sprechen können. Der Historiker Professor Jürgen Angelow hat diesen Vorgang in seiner bemerkenswerten Studie »Entsorgt und ausgeblendet – Elitenwechsel und Meinungsführerschaft in Ostdeutschland« umfassend dargelegt.

Dem folgte ein weiteres Phänomen auf den Fuße: Auch die Kinder der Ostdeutschen haben schlechtere Chancen auf dem Jahrmarkt der Besserverdienenden. In ungleich geringerem Maße haben sie Eltern, die ihnen Herrschaftswissen und -auftreten vermitteln oder ihnen bei der Karriere behilflich sein könnten. Wie die Enquetekommission zur Aufarbeitung der Aufarbeitung im Landtag Brandenburg festgestellt hat, sind sie beispielsweise beim wissenschaftlichen Nachwuchs selbst an ostdeutschen Bildungseinrichtungen deutlich unterrepräsentiert.

Das Bedauern über die wachsende Ungerechtigkeit im Land hat noch niemals bei den Parteien zu einer ehrlichen Bestandsaufnahme geführt oder zu einer Benennung der Gründe dafür, warum Menschen sich immer stärker von einem Polittheater abwenden, warum sie sich von ihm abgestoßen fühlen und in das sie keine Hoffnungen projizieren. Denn wo hätte man seitens der Politik schon einmal gehört, dass die erlebte und sich vertiefende Ungerechtigkeit es ist, der die Menschen in Deutschland ohnmächtig gegenüberstehen und die sie nur noch abwinken lässt?

Keine Partei schützt davor. Antworten würden den Politbetrieb nur stören.

Dass in den vergangenen fünf Jahren die Wahlbeteiligung wieder gestiegen ist, hängt nicht mit den besseren Politangeboten der traditionellen Parteien zusammen, sondern mit dem Wut-Angebot der AfD. Die hat zwar alles andere als eine soziale Gerechtigkeit auf ihre blaue Fahne geschrieben, aber sie verneint. Und das genügt offenbar, unabhängig davon, was die gedankliche und politische Basis dieser Verneinung ist. In Deutschland fällt ein solches Programm traditionell auf fruchtbaren Boden. Um für mehr soziale Gerechtigkeit zu sorgen, müsste sich der unzufriedene Deutsche mit seinen Oberschichten, mit seinem Staat und eben mit deutsch sprechenden Menschen auseinandersetzen. Die sind zu mächtig, da lässt er gescheiterweise die Finger davon. Da knöpft er sich lieber den Ausländer vor. Der hat zwar die Situation in Deutschland nicht verschuldet, er ist aber ein Fremder und als Sündenbock glaubhafter und beliebter. Und sein wichtigster Vorteil: Er ist schwach. Die Jagd auf ihn gestattet auch den Ausgegrenzten und Benachteiligten der deutschen Gesellschaft das Erlebnis der Macht. Eines, das sie sonst weiß Gott schon lange nicht mehr gehabt haben.

Das bringt zwar die Gesellschaft keinen Schritt in Richtung soziale Gerechtigkeit voran. Aber es gestattet die Triebabfuhr. Mit rechten Aggressionsbewegungen kommen Menschen, vor allem schwer gedemütigte, vor der Verzweiflung stehende Menschen, gelegentlich zu ihrem Ausdruck – aber niemals zu ihrem Recht.

Welche Häuser ich betreten werde,
ich will zu Nutz und Frommen der Kranken eintreten,
mich enthalten jedes willkürlichen Unrechtes
und jeder anderen Schädigung.

Eid des Hippokrates

Wieder eine Art Agnes

In Ostdeutschland etablierte sich
die Zwei-Klassen-Medizin

Dieses Kapitel kann nicht ohne den Hinweis auskommen, dass sich die Lebenserwartung der Ostdeutschen seit der Wende deutlich erhöht hat. Männer starben zu DDR-Zeiten im Durchschnitt mit 69 Jahren, Frauen mit 74 Jahren. Heute wird der ostdeutsche Durchschnittsmann 77 Jahre alt, die Frau im Durchschnitt 82 Jahre. Einen Unterschied zu den alten Ländern gibt es praktisch nicht mehr.

Materialengpässe und der technische Rückstand vieler DDR-Kliniken gegenüber dem bundesdeutschen Standard wurden nach 1990 rasch beseitigt. Und dennoch traten auch auf diesem Feld Nachteile für die Patienten auf: Das Wort Medikamentenzuzahlung war in der DDR unbekannt. Man konnte eine Brille bekommen, ohne einen Pfennig dafür zu bezahlen. Warum wohl? Wo es nur eine Krankenkasse gibt, dort kann effektiv verwaltet werden, die Beiträge dienen der Krankenbehandlung. Heute hat die Gruppe der Sozialversicherten Dutzende Kassen zu bedienen mit ihren Repräsentations- und anderen

Ansprüchen. Von unerklärlich hohen Gehältern im oberen Verwaltungsbereich der Medizin ganz zu schweigen. Da bleibt nicht genügend für die Krankenschwestern und den eigentlichen Zweck. Die für den Patienten zutiefst praktische DDR-Poliklinik konnte mitunter die Wende überstehen – an vielen Orten leider nicht. Ohnehin zum Tode verurteilt waren die DDR-Betriebspolikliniken, die – auch international viel beachtet – ein wichtiges Element des Arbeitsschutzes gebildet hatten.

In Ostdeutschland hat sich nach der Wende eine Zwei-Klassen-Medizin etabliert, das System der Privatversicherten mit Vorzugsbedingungen steht dem – eindeutig schlechter versorgten – gesetzlich versicherten großen Rest gegenüber. Die ersteren bekommen Kuren, die letzteren vielleicht auch mal.

Bis 1961 litt das DDR-Gesundheitswesen unter anderem daran, dass Abertausende Ärzte den Entschluss umsetzten, sich und ihre an einer DDR-Universität erworbenen Fähigkeiten in der Bundesrepublik attraktiver zu verwerten. Sie gingen in den Westen und fehlten an allen Ecken und Enden. Ein immer stärker werdender Arztmangel ist heute aber auch in den neuen Bundesländern zu verspüren – vor allem in ländlichen Regionen. Denn es gibt immer weniger Landärzte. Das zutiefst sinnvolle Prinzip der Gemeindeschwester, wie sie zu DDR-Zeiten die erste Linie der Gesundheitsversorgung auf dem Landes bildete, wurde nach der Wende in Brandenburg halbherzig wieder eingeführt.

Meldung vom 25. Februar 2009
Viele Selbständige unter den nicht Krankenversicherten
Vor allem Selbständige sind in Brandenburg mit dem Problem fehlender Krankenversicherung konfrontiert. Wie Gesundheitsministerin Dagmar Ziegler (SPD) im Landtag weiter sagte, gibt es zwischen 5000 und 6000 Betroffene im Land. Eine gezielte Ansprache dieses Personenkreises sein nicht möglich »weil wir ihre Identität nicht kennen«.

Bei den Angaben für Brandenburg hatte sie Angaben des Statistischen Bundesamtes für Brandenburg heruntergerechnet. Demnach habe es im ersten Quartal 2007 in Deutschland insgesamt rund 211 000 Menschen ohne einen solchen Versicherungsschutz gegeben. Im Jahr 2004 waren es etwa 400 000 Betroffene.

Wenn eine nicht versicherte Person erkrankt und medizinische Hilfe benötigt, dann muss sie laut Ministerin die Behandlungskosten selbst tragen. Die ausgestellten Rechnungen von Ärzten und Zahnärzten beruhen dabei auf der Gebührenordnung.

Meldung vom 7. November 2011
Allgemeinmedizin: DDR-Qualität konnte gehalten werden
In knapp zehn Jahren wird jeder vierte Brandenburger über 65 Jahre alt sein, also zu den »Hochbetagten« zählen, informierte Gesundheitsministerin Anita Tack (LINKE) auf einer Pressekonferenz. Ein großes Kompliment machte bei dieser Gelegenheit der Präsident der Landesärztekammer Udo Wolter den DDR-Ärzten auf diesem Gebiet. Deren Weiterbildung sei von hoher Qualität und mit der von West-Ärzten auf diesem Gebiet unvergleichbar gewesen. »Der praktische Arzt der Bundesrepublik hat diese Art der Weiterbildung nicht gehabt.« Glücklicher-

weise sei es nach der Wende im Wesentlichen gelungen, das »durchzuhalten«. Als Handicap bezeichnete er es jedoch, dass trotz intensiver Werbung für freiwerdende Arztpraxen es »keine signifikante Verbesserung« eingetreten sei.

Der Stellvertretende Vorstandsvorsitzende der Kassenärztlichen Vereinigung Andreas Schwark teilte mit, dass es Anfang der neunziger Jahre deutlich mehr Hausärzte gegeben habe als heute. Seither habe man die Stellen für 450 Ärzte nicht nachbesetzen können. Er bedauerte, dass Brandenburg »die niedrigste Ärzterate der gesamten Bundesrepublik« aufweise, was im Durchschnitt jedem Arzt zwischen 10 und 15 Prozent mehr Patienten beschere als in Deutschland eigentlich üblich. Eschwert werde die Situation dadurch, dass in Brandenburg deutlich mehr ältere Patienten zu finden seien als anderswo. Sie benötigten mehr medizinische Leistungen als jüngere.

Die Rente ist das Ergebnis der Lebensleistung
eines Menschen.

Bundeskanzler Helmut Kohl, 1996

Rentenlüge neuen Typs

Umfassend abgesichert?

»Was jedermann weiß, ist meistens falsch«, schrieb der amerikanische Schriftsteller John Steinbeck in seinem Roman »Geld bringt Geld«.

Wie jedermann weiß, ging es den DDR-Rentnern schlecht und geht es den heutigen Rentnern gut. Nun ja. Zu DDR-Zeiten gingen Frauen mit sechzig Jahren in Rente, heute müssen sie bis siebenundsechzig Jahre arbeiten. Den 477 DDR-Mark, die ein ostdeutscher Durchschnittsrentner 1988 in der DDR erhielt, stehen die 850 Euro gegenüber, die heute in Ostdeutschland als Durchschnittsrente angegeben werden. Damit beziehen die Ostdeutschen im Schnitt eine Rente, die in ihrer Höhe dem entspricht, was der Staat für einen Sozialhilfeempfänger ausgibt. Und der Durchschnitts-Beamtenpensionär, der keinen Cent in seine Altersvorsorge zahlen muss, streicht inzwischen das Vielfache dessen ein, was man dem Durchschnittsrentner zugesteht, der zeit seines Lebens eingezahlt hat. Die deutschen Politiker haben definiert, für wen in diesem Land der Weizen blüht.

Eine Perle der unsterblichen Weisheiten ist die immer wieder unterstrichene Vorstellung, es würde ostdeutschen

Rentnern heute »besser« gehen als zu DDR-Zeiten. Angesichts der zunehmenden Altersarmut weiß eine Boulevardzeitung: »Aber so schlimm, wie es den DDR-Rentnern erging, kann es kaum werden ...« Und ein Ex-Bundespräsident verriet der Bild-Zeitung: »Der größte Teil der Rentner ist heute – auch im internationalen Vergleich – recht umfassend abgesichert.«

Hatte der Bundespräsident bei seiner Bemerkung die ihn umschwänzelnden Beamten im Blick? Die haben für ihre »umfassende Absicherung« freilich gesorgt, aber den ostdeutschen Rentner kann das Ex-Staatsoberhaupt nicht gemeint haben. Dessen finanzielle Kraft und dessen Mobilität ist heute wesentlich geringer als zu DDR-Zeiten. Und das ist beweisbar.

Für die ostdeutschen Senioren hat sich die Lage nach 1990 in vielerlei Beziehung verschlechtert

Der heutige Durchschnittsrentner in Brandenburg bezieht eine Monatsrente von 850 Euro (Männer: rund 1100 Euro, Frauen: unter 700 Euro). Bleibt der Durchschnitt von – rund gerechnet – 850 Euro. Davon kann er jetzt die Miete für seine kleine Wohnung bezahlen und alles, was damit zusammenhängt (450 Euro sind hier nicht zu hoch angesetzt). Im Rentnerklub oder wo auch immer bekommt er vielleicht ein billiges Mittagessen (100 Euro im Monat). Für Frühstück und Abendbrot benötigt er noch einmal 100 Euro. Macht zusammen 650 Euro. Für alles übrige bleiben ihm noch 130 Euro. Er hat in diesem Stadium weder den Strom bezahlt, noch das Telefon, noch seine Gebühren für das in Deutschland eingeführte Zwangs-

Pay-TV entrichtet. Er hat sich buchstäblich nichts gegönnt. Er ist lediglich aus dem Haus gegangen, um sich was zu essen zu holen, und seine Rente ist aufgebraucht. Man wiederhole: Das Einkommen des Durchschnittsrentners entspricht den Aufwendungen, die der deutsche Staat für einen Sozialhilfeempfänger übrig hat. Der Widerspruch zwischen dem, was man den ostdeutschen Rentnern finanziell zugesteht, und dem, was man ihnen finanziell abverlangt, ist enorm.

Blick auf die DDR: Die Durchschnittsrente für den DDR-Rentner betrug in der zweiten Hälfte der achtziger Jahre 472 Mark. (Männer: 526 Mark, Frauen 418 Mark.) In Wirklichkeit war sie fast 100 Mark höher, weil eine Reihe von Zusatzsystemen gegriffen hatte, die der heutigen Rentnergeneration nicht zur Verfügung stehen, aber wir wollen uns ja nicht dem Vorwurf der »Idealisierung« aussetzen und bleiben beim Grundangebot 472 DDR-Mark. Davon zahlte der DDR-Durchschnittsrentner 30 Mark Miete, 20 Mark für Strom und Wasser, allenfalls 100 Mark für Lebensmittel, 5 Mark für seine Kohlen (übers Jahr gerechnet). 155 Mark kosteten ihn also die »Essentials«. Von den äußerst geringen Rundfunkgebühren waren Rentner generell befreit. Ihm blieben noch 317 DDR-Mark. Was konnte er mit diesen 317 Mark anfangen? Er konnte dreimal quer durch die DDR mit der Eisenbahn zu seinen Enkeln fahren (ermäßigt zusammen 25 Mark), fünfmal ins Kino gehen (zusammen 10 Mark), sich drei Gaststätten-Essen leisten (mit Getränk 15 Mark), drei Bücher kaufen (12 Mark), fünf Skat- und Bierabende mit seinen Kumpel, oder Kumpelinnen veranstalten (zusammen 12,50 Mark), einmal das Auto betanken (30 Mark), seiner neuen Freundin einen Blumenstrauß schenken (3 Mark), sich eine neue Hose kaufen (neu, wenngleich nicht schick: 30 Mark). Dann konnte er immer noch dreimal ins Theater gehen (für ihn als Rentner zusammen 10 Mark), er konnte einem Kegelverein angehören und einem Briefmarkenverein (beides für ihn kostenlos oder praktisch kostenlos). Er konnte sich seine Medikamente holen (keine Zuzahlung). Er konnte zwei Tageszeitungen halten und 4 Zeitschriften. (Zusammen 15 Mark.) Der DDR-Rentner hätte Leser der Deutschen Bücherei Leipzig und gleichzeitig der Berliner Staatsbibliothek sein können (je eine Mark Jahresbeitrag). Seine Rentenhöhe und die Preisstruktur der DDR hätten ihm ein erfülltes und kommunikatives Leben gestattet, er hätte dieses Leben führen können, wenn er denn gewollt hätte.

All dies hätte ihn zu seinen 155 Mark für die Grundbedürfnisse weitere knapp 140 DDR-Mark gekostet. Er hätte dann immer noch mehr als 150 Mark für Reparaturen, Geschenke, Sonderausgaben, eventuelle Urlaubsfahrten übrig gehabt. Für Letzteres konnte er über den FDGB-Feriendienst seines ehemaligen Betriebes weiterhin Anspruch auf einen preiswerten Ferienplatz erheben, und den Zehner, den er für das ihn begleitende Enkelkind aufbringen musste, den hatte er auch noch übrig.

Würde der heutige Durchschnittsrentner dieses Programm der Vielfalt durchziehen wollen, müsste er eine doppelt so hohe Rente beziehen (also mindestens 1500 Euro). Da er ja auch der Versteuerung unterliegt und ihm heutzutage die Beiträge für Kranken- und Pflegeversicherung abgezogen werden, müsste er eine Rente von brutto 2000 Euro sein eigen nennen, um mit dem Handlungsspielraum des DDR-Rentners gleichziehen zu können. Die Blumen sind geschenkt.

Für den Rentner wie für jeden Ostdeutschen wurde 1990 die erzwungene Ausgaben- und Kostenstruktur auf den Kopf gestellt. Grob gesagt: Alles, was zu DDR-Zeiten billig war, wurde jetzt teuer. Und alles, was vor der Wende teuer war, wurde billig. Es ist mindestens eine Frage wert, ob der Rentner hier Nutznießer war.

Richtig, der Zustand der damaligen Wohnungen war nicht der heutige, er war auch oft genug schlecht. Richtig, damals gab es für die meisten kein Telefon. Und beim Reisevergleich ist es unerheblich, ob der heutige Rentner kein Geld in der Hand hält, oder der DDR-Rentner, wenn er in den Westen reiste, mit einer kuriosen Währung dastand. Die DDR garantierte jedem Menschen eine Mindestrente. Wer das gesetzlich bestimmte Alter erreicht hatte, bekam sie im Zusammenhang mit einem minimalen Arbeitsnachweis. Also praktisch voraussetzungslos. Miete, Heizung, Elektrizität und Nahrung waren so für den Menschen gesichert, ohne dass er ein Sozialfall war. (Wenn der betagte DDR-Bürger eine höhere Rente wollte, waren natürlich auch entsprechende Nachweise erforderlich.) Das wurde 1990 gestrichen, eine Mindestrente sieht der bundesdeutsche Gesetzgeber für die heutigen Rentner nicht mehr vor. Das ist ein Begriff aus der DDR-Sozialpolitik. Wer mit seinem Geld im Alter nicht auskommt, muss Sozialhilfe beantragen. Die wird ihm zugestanden, vorausgesetzt, er weist nach, dass er arm ist.

Der alleinstehende ostdeutsche Durchschnittsrentner lebt auf Sozialhilfeniveau. Dem DDR-Durchschnittsrenter war ein erfülltes Leben auf vergleichsweise hohem sozialen und kulturellen Niveau möglich.

Rentenunrecht für Frauen

Wer der Vorstellung anhängt, die Ostdeutschen seien 1990 von einer ungerechten Gesellschaft in eine gerechte geraten, den belehrte eine Fotoausstellung eines anderen, die Ende 2017 auf dem LINKEN-Flur des Potsdamer Landtags eröffnet wurde.

Gezeigt werden Fotoporträts und Äußerungen von Frauen, die durch den Wechsel von DDR- zu BRD-Recht in eine finanzielle Nachteilssituation von substanziellem Ausmaß geraten waren. Wenn eine Frau zu DDR-Zeiten geschieden worden ist, war ein Ausgleich bei den Rentenanwartschaften gegenüber ihrem Ex-Mann nicht vorgesehen. Und diese Regelung ist nach 1990 per Einigungsvertrag beibehalten worden. Während also West-Frauen oder Frauen, die nach der Wende geschieden wurden, an den Renten- oder Pensionsansprüchen ihrer vorherigen Ehepartner partizipieren, können das die DDR-geschiedenen Frauen nicht.

Die LINKEN-Abgeordnete Diana Bader wies bei der Ausstellungseröffnung ausdrücklich darauf hin, dass die betroffenen Frauen – von den 800 000 Betroffenen leben 28 Jahre nach der Wende schätzungsweise immer noch 300 000 – in »Ungerechtigkeit« leben müssen. Ein Ausgleich bei Rentenpunkten war zu DDR-Zeiten nicht notwendig, die Frauen waren damals »nicht auf einen Versorgungsausgleich angewiesen«, unterstrich Bader. »Die Rente war abgesichert, es existierte der Anspruch auf eine Mindestrente für Frauen.« Außerdem zählten im Sozialismus für die Rentenberechnung nur die letzten zwanzig Berufsjahre, also jene, in denen die Kinder aus dem Haus und auch die Frau meist wieder in Vollzeit berufstätig war. Was erst zwanzig Jahre nach der Wende in Deutschland allgemeines Recht wurde, war in der DDR schon durchgesetzt: Rentenansprüche, die sich aus der Zahl der Kinder ergaben. Der DDR-Staat kam den Frauen angesichts ihrer realen Doppelbelastung durch Beruf und Haushalt auch mit Haushaltstag und einem Renteneinstiegsalter von sechzig Jahren entgegen – Dinge, von denen die Frauen heute nicht einmal zu träumen wagen. Die Rentengesetzgebung damals entsprach einer »Anerkennung der Lebensleistung«, wie die Abgeordnete Bader es formulierte.

Eindeutig richten sich die Ansprüche dieser Frauen originär gegen Ostdeutsche, das heißt gegen die früheren Ehemänner, welche nicht teilen müssen. Wie erwähnt: Grob betrachtet bekamen ostdeutsche Männer im Schnitt zwanzig Jahre nach der Wende 1100 Euro Rente, die Frauen durchschnittlich 650. Mit Sicherheit hätte ein durchgesetzter nachträglicher Versorgungsausgleich dieses Verhältnis zugunsten der Frauen verschoben. Die Beraterin Marion Böker sagte dazu, der Bestandsschutz für diese Männer sei kaum angreifbar, die berechtigten Forderungen ihrer Ex-Frauen müssten daher aus dem Steuertopf beglichen werden. Mit allzu viel Solidarität der West-Frauen können die ostdeutschen geschiedenen Frauen in ihrem bislang vergeblichen Kampf nicht rechnen, denn trotz dieser vom Gesetzgeber verfügten Nachteilssituation liegt die Rentenhöhe ostdeutscher Frauen aufgrund ihrer seinerzeit üblichen Berufstätigkeit im Schnitt heute immer noch messbar über der der West-Frauen. Die Gepflogenheiten der muffigen Adenauer-Republik verbannten die Frau an Herd, Kinder und Küche. Erst viele Jahrzehnte später begann sich auch im Westen die wünschenswerte

Vorstellung hin zur berufstätigen Frau zu verschieben, so wie es in der DDR längst Gültigkeit besaß. Diesen Umstand in die zeitgenössische »Aufarbeitung« einbezogen zu sehen, ist allerdings genauso unwahrscheinlich wie die Aussicht, dass die DDR-»Scheidungsfrauen« zu ihrem Recht kommen.

Von der Vielfalt
zur Einfalt

Der heutige Rundfunk ist teuer und billig zugleich

Ein SPD-Funktionär weist mir gegenüber auf die »verbotenen Filme« zu DDR-Zeiten hin. Sein erschütterter Unterton ist bei diesem Thema natürlich Konvention. Ich entgegne, dass seinerzeit möglicherweise einige Filme »verboten« waren (was in einigen Fällen auch bedeutete, dass sie zur späten Fernsehzeit oder erst einige Jahre später im Fernsehen ausgestrahlt wurden). Heute aber seien ca. 700 DEFA-Filme verboten und hinzu kämen noch einmal rund 700 Produktionen des DDR-Fernsehens. Im gebührenfinanzierten öffentlich-rechtlichen Rundfunk beispielsweise findet die DDR als einseitiger Gegenstand der »Aufarbeitung« statt – fast nie aber mit ihren eigenen filmischen Erzeugnissen. Der SPD-Funktionär mir gegenüber stolz bis erleichtert: »Diese Filme sind nicht verboten. Sie werden nur nicht gezeigt.«

Nach 1990 hatte der Ostdeutsche das Erlebnis, von seiner eigenen Kultur abgeschnitten worden zu sein. Denn eine DDR-Nationalkultur, die in der sozialistischen Tradition und der sozialistischen DDR-Gegenwart wurzelte,

hat es bis 1990 gegeben. Sie war für die Einwohner dieses
Landes viel prägender, als die meisten Menschen und nun
gar die westdeutsche Polit- und Kulturelite 1990 glaubten.

Vierzig Jahre lang hatte er via DDR-Medien eine in-
tensive Begegnung mit polnischer, tschechoslowakischer,
ungarischer, russischer, usbekischer, ukrainischer, rumäni-
scher, bulgarischer ... Kunst. Dies wurde 1990 abgedreht,
wie man einen Wasserhahn abdreht. Die Sendestationen
gerieten umgehend in westdeutsche Hand und hatten also
westdeutschen Geschmack bei Musik, Shows und Fil-
men zu bedienen. Und bei der politischen und Weltsicht,
wie sie die Nachrichtensendungen bestimmen, sowieso.
Der Blickwinkel, unter dem berichtet und kommentiert
wurde, ist seither eben der westdeutsche. Vor allem der
Regionalsender RBB gefiel und gefällt sich in einer nahezu komplett durchgehaltenen Abstinenz gegenüber
der DDR-Produktion. Ungeachtet der Tatsache, dass der
größere Teil seiner Zwangs-Zuhörer und -Zuschauerschaft
ostdeutsche Wurzeln hat. Die Wahrscheinlichkeit, im
öffentlich-rechtlichen Rundfunk einen französischen Film
der fünfziger, sechziger oder siebziger Jahre zu sehen, ist
wesentlich größer als die, einen ostdeutschen Film aus
dieser Zeit zu sehen. Wohl nicht von ungefähr. Denn
ansonsten ließe sie sich ertappen – die heutige unfassbare
Themenarmut, die Erbärmlichkeit der gebührenfinanzierten Fernsehproduktionen (entweder Mord und Totschlag
oder »Beziehungskisten« in der Wohlstandsklasse, besser
aber eine Mischung aus beidem). Wenn um die großen
Filmfestivals dieser Welt ein endloses Lämmerhüpfen ver-
anstaltet wird und dem entgeisterten Zuschauer dabei die
Gewissheit bleibt, dass es an ein Wunder grenzen würde,
wenn auch nur ein einziger dieser Filme für das deutsche

öffentlich-rechtliche Fernsehen synchronisiert und in ihm ausgestrahlt würde, dann, weil dem Kaiser eben die neuen Kleider angepasst werden. Was findet ein Zuschauer im Hauptprogramm von ARD und ZDF, der nicht Krimis, seifige Pilcher-Liebesfilme, Tierfilme, dumm-laute Spielshows oder Fußball sehen will? Wobei der Deutsche hier in einer doppelten Nachteilslage geraten ist: Erstens muss er diese endlose Trivialität bezahlen und zweitens muss er die dann auch noch sehen. (Sicher, es gibt mit arte, mit 3sat einen Ausgleich.)

Eine subtile Diskriminierung Ostdeutscher soll hier zumindest angedeutet werden. Während bei den TV-Krimis, als deren Hintergrund Hamburg, Lübeck, München oder Salzburg gewählt wurden, der jeweilige örtliche deutsche Dialekt (bis zur Unverständlichkeit) zu seinem Recht kommt, ist das bei »Soko Leipzig« nicht der Fall. Hier darf niemand sächseln, bei der Kripo jedenfalls nicht.

Zu den Vorteilen des DDR-Bürgers gehörte zweifellos der von seiner eigenen Regierung alles andere als geliebte gebührenfreie Empfang des Westfernsehens. Heute ist er gesetzlich gezwungen, diese Struktur zu finanzieren, ob er will oder nicht. Ob er sie nutzt oder nicht. Ob sie ihm etwas gibt oder nicht. Er finanziert ein unverschämtes, ein maßloses Versorgungssystem der in dieser Struktur Beschäftigten. Und es wird nicht dadurch besser, dass Rundfunkräte ihrer Aufsichtspflicht nicht nachkommen und diese Unverschämtheiten regelmäßig passieren lassen. Um so billiger ist dann das gesendete Programm. Man kann ja mal nachfragen, wie hoch der Anteil des Gebührenaufkommens des Regionalsenders RBB ist, mit dem Uralt-SFB-Redakteuren bis zum Lebensende ein Redakteursgehalt gezahlt wird. Durch die Verschmelzung

von SFB und ORB zum RBB wurde auch der brandenburgische Gebührenzahler zur Finanzierung solcher Ab-
strusitäten herangezogen. Oder man frage sich, was den
Gebührenzahler der Lebensabend der RBB-Intendantin
Dagmar Reim kostet. Kein Regionalsender war im eigenen
Verbreitungsgebiet noch unbeliebter als der RBB. Aber der
öffentlich-rechtliche Rundfunk gehört – wie die Politik
und die Beamtenwelt – zu einer Schutzzone, in welcher
Arbeitsergebnisse und Resultate in keinem Zusammenhang zur Gehalts- und Versorgungshöhe stehen. Das
deutsche TV-System ist teuer, was die Gebührenbeiträge
betrifft, es ist billig, was seine Angebote betrifft.

Man wird einwenden, diese Kosten seien vielleicht doch
gerechtfertigt und kann dabei auf die ungeheure Senderzahl heutzutage verweisen. Selbst beim öffentlich-rechtlichen Rundfunk war sie nie so umfangreich wie heute,
was eine Vielfalt gleichsam absichern müsste. Denn wie
gering war – verglichen damit – zu DDR-Zeiten die Zahl
der Stationen.

Tatsächlich aber ist die heutige Vielfalt eine scheinbare,
und nicht allein deshalb, weil die Spartensender von ARD
und ZDF meist wiederholen, was man schon im Hauptprogramm nicht sehen wollte.

Reisebegrenzt, aber gut informiert

Wenn Anfang der siebziger Jahre innerhalb der SED der
Satz vom DDR-Bürger als dem »bestinformierten Menschen der Welt« fiel, dann würde man das vom heutigen
Ostdeutschen keineswegs mehr ohne weiteres behaupten
können. Zumindest würde das nicht mit seinem TV-

Angebot zusammenhängen. Könnten wir heute sachlich diskutieren, was an der Bezeichnung »bestinformierter Mensch der Welt« richtig war? Wie sah sie aus, die damalige Realität in der Fernsehwelt? Während man den meisten Westdeutschen ihre drei öffentlichen Programme zur Ansicht überließ, waren es in weiten Teilen der DDR fünf Sender. Zu den Westprogrammen gesellte sich DDR-1 und DDR-2. Wie man es auch dreht und wendet, es sind zwei mehr, das Informationsangebot war reicher. Das Westfernseh-Verbot der DDR-Frühzeit wurde später fallengelassen. Es lässt sich genau datieren, wann das Westfernsehen gewissermaßen freigegeben worden ist. Am 28. Mai 1973 sprach Generalsekretär Erich Honecker auf einer Sitzung seines Zentralkomitees beiläufig vom Westfernsehen, das »ja bei uns jeder beliebig ein- und ausschalten kann«. Das war der Dammbruch. Die Tage, als FDJ-Bergsteigertrupps auf Hausdächern westgewandte TV-Antennen einfach absägten (Aktion »Ochsenkopf«) lagen ein Jahrzehnt zurück. Unser Klassenlehrer hatte Mitte der siebziger Jahre nichts riskiert, als er offen vor der Klasse zusammenfasste: »Nicht alles, was bei uns kommt, ist gut. Und nicht alles, was im Westen kommt, ist schlecht.«

Das Potsdamer Haus, in dem heute die Spielbank »Jokers Garden« auf ihre Opfer lauert, war zu DDR-Zeiten Heimat des Klubs der Künstler und Architekten »Eduard Claudius«. Wenige Monate vor der Wende stand ein Auftritt des Rektors der örtlichen Filmhochschule auf dem Programm, des späteren PDS-Vorsitzenden Lothar Bisky. Der war gerade von einer Reise an die Westküste der Vereinigten Staaten zurückgekehrt und plauderte also einen Abend lang über Verlauf und Ergebnisse einer internationalen Film- und Fernsehkonferenz. Unter anderem zum Thema: Was ist eigentlich Medienvielfalt? Das Interessanteste dabei war seine Schilderung des Streits unter den West-Kollegen selbst. Die US-amerikanischen Medienwissenschaftler, so Bisky, seien überzeugt davon, dass die vielleicht 500, vielleicht 1000 Fernsehstationen in den Staaten Ausdruck für den Spitzenplatz des Landes seien und ihnen die Palme der Medienvielfalt gebühre. Dann aber seien es die Vertreter des britischen Staatssenders BBC gewesen, die hier widersprachen und nachgewiesen hätten, dass ihre damals vier Stationen den US-Einheitsbrei qualitativ und auch hinsichtlich der politischen, künstlerischen, kulturellen Vielfalt um Längen schlagen.

Den Ausschlag gibt also nicht die Senderzahl, und es kommt noch besser: Über die DDR-Bürger in all den Jahrzehnten brachen nicht allein zwei Sender zusätzlich herein, es waren darüber hinaus Programme, die den Westsendern widersprachen. Prinzipiell widersprachen. Politisch, kulturell, wirtschaftlich, geistig, weltanschaulich widersprachen. Das ist übrigens eine hervorragende Situation für den Endempfänger, für den Kunden vor dem Bildschirm. Und wer dieses interessante Gerangel und Tauziehen auf den Frequenzen bewusst erlebt hat, der kann das heutige Angebot nicht mit Vielseitigkeit verwechseln.

Seit 1990 ist der Ostdeutsche zwangsweise an diese alles dominierende Verwertungsstränge der westlichen Kulturindustrie angeschlossen (die er zuvor ja freiwillig und kostenfrei via Westfunk schon genießen konnte).

Die innenpolitische und die wirtschaftspolitische Berichterstattung der DDR-Medien über die eigene, die sozialistische Welt gehörte mit Sicherheit nicht zu den

Ruhmesblättern des DDR-Journalismus, um nicht zu sagen, sie war apologetisch. Ja, der einfache Mensch trat ungleich häufiger ins Bild als heute, die ihm entgegengebrachte prinzipielle Wertschätzung spielt da hinein, aber er war dabei in Rollen gedrängt, die ihm oft nicht zusagten.

Anders sah es mit der Betrachtung und Bewertung der westlichen, der kapitalistischen Welt aus. Hier gab es eine prinzipielle und grundsätzliche Kritik, den blütenweißen Legenden wurden in DDR-Rundfunk und in der DDR-Presse die Schmutzränder nachgereicht und man konnte sicher sein, dass kein einziger vergessen worden war. Dieser Umstand stellte eine sehr wichtige Ergänzung der westlichen Eigenbespiegelung dar und trug sinnvollerweise dazu bei, dass das westliche Eigenlob nicht in den Himmel wachsen konnte. Das ist nach der Wende leider anders geworden, der Ostdeutsche ist seit dreißig Jahren einer politischen Berichterstattung ausgesetzt, die gegenüber dem »Westen« eben genau diese apologetischen Züge trägt. Mit dem Abschalten der »Stimmen der DDR« hat eine Einseitigkeit der Berichterstattung zugenommen, die Menschen, welche diese Stimmen niemals kennengelernt haben, kaum bewusst werden kann.

Dass der DDR-Rundfunk gegenüber dem Westprogramm in nahezu jeder Beziehung den Kürzeren zog, blieb bis (fast) zum Schluss Tatsache. Das standardisiert-langweilige DDR-Pendant zur abendlichem Tagesschau, die Aktuelle Kamera, wurde nicht dadurch besser, dass sie mit dreißig Minuten doppelt so lang war. Um so verblüffender wirkte auf mich das »Geständnis« eines bundesdeutschen Landwirtes lange nach der Wende, einen Nachteil habe auch er durch diese Entwicklung im Rundfunkbereich, das heißt durch die Abschaltung der Aktuellen Kamera,

hinnehmen müssen. Er vermisse aufrichtig die Ernte-
berichterstattung des DDR-Fernsehens. Ich war sprachlos,
ich glaubte, ich hätte mich verhört. Die Ernte-Bericht-
erstattung? Ja, erklärte mir der Mann, in der Aktuellen
Kamera habe er als westdeutscher Landwirt im Sommer
und Herbst immer sehr genau erfahren, wie weit bei anderen Bauern die Ernte vorangeschritten war, welche Kultu-
ren gerade wie bearbeitet wurden, wie andere Bauern auf
das Wetter reagierten und so weiter. Für ihn sei das immer
eine wichtige Orientierung gewesen.

Wir sagten Drehort und sie sagen Set.
Wir sagten bitte, wenn es anfangen sollte. Sie sagen action.

Eberhard Esche

Die Phase im Rausch

Schauspielkunst:
Dem DDR-Mimen flicht die Nachwelt keine Kränze

Das Potsdamer Filmmuseum lud Anfang 2016 in seinen
Kinosaal, wo es den DEFA-Regisseur Rainer Simon zu
seinem 75. Geburtstag mit der Ausstrahlung seines Spiel-
films »Till Eulenspiegel« (1974) ehren wollte. Als die
Vorführung begann, traute das Publikum seinen Augen
nicht. Denn es wurde nicht der DEFA-Film des Jubilars
Simon gezeigt, sondern der Film »Die Abenteuer des Till
Ulenspiegel« aus den fünfziger Jahren mit Gérard Philipe
in der Hauptrolle. Das war zwar eine Gemeinschaftspro-
duktion von Frankreich und der DDR, hatte aber mit
Rainer Simon nichts zu tun. Offenbar war das Potsdamer
Kino an eine Kopie des Films geraten, die seinerzeit in
Westdeutschland in Umlauf war. Der Unterschied beider
Figuren war den Zuständigen damals wohl nicht bekannt
oder nicht so wichtig. Beim »Ulenspiegel« ging es um die
Auseinandersetzung Flanderns mit der Besatzungsmacht
Spanien. Aus dem von de Coster ersonnenen Volkshelden
Ulenspiegel wurde bei dieser Gelegenheit für den west-
deutschen Zuschauer kurzerhand der deutsche Till Eulen-
spiegel. Das Potsdamer Filmmuseum ist auf diese Weise

eine Art Spätopfer der Oberflächlichkeit und Arroganz gegenüber der DDR-Filmproduktion geworden.

Nach 1990 setzte in Ostdeutschland ein ungeahntes Kinosterben ein, begleitet von einem Theatersterben und einem Kulturhaussterben. In der DDR war niemand aus finanziellen Gründen von Hochkultur ausgeschlossen. Das ist heute nicht vorstellbar. Theater, Oper, Konzert sind somit in diesen Zeiten einem viel breiteren Publikum zugänglich gewesen, als dies heute der Fall ist. Es trat eine zu DDR-Zeiten unbekannte Figur ins gesellschaftliche Leben: der Hungerkünstler. Wie in einer Anhörung vor dem Kultur- und Wissenschaftsausschuss des brandenburgischen Landtags im Jahr 2018 deutlich wurde, verdienen Künstlerinnen im Bereich bildende Kunst im Jahresdurchschnitt weniger Geld als ein Beamter des Potsdamer Kulturministeriums im Monat an Bruttoeinkommen bekommt.

Der Ostfilm verschwand bis auf minimale Reste aus dem Kino und vom Fernsehschirm. Lediglich die DDR-Krimis der Serie »Polizeiruf 110« dürfen sich in das Grundschema des öffentlich-rechtlichen Rundfunks einordnen, die Wirklichkeit vor allem unter dem Aspekt von Mord und Totschlag vorzuführen. Das Aus für die DEFA (Spiegel: »Honeckers Hollywood«) kam 1991. Eine Weile noch musste man auf die sozialistischen Produktionen zurückgreifen, wenn man im Fernsehen Märchen zeigen wollte, diesbezügliche West-Angebote gab es entweder nicht, oder sie waren billig zusammengeschustert. Um die Jahrtausendwende wurde dann auch für die »gängigen« DDR-Märchenfilme Ersatz geschaffen. Ansonsten ist die Ausblendung der DDR-Film- und Theaterkunst praktisch vollständig, und wenn inzwischen nahezu alle

Regionalsender als Weihnachtsmärchen »Drei Haselnüsse für Aschenbrödel« offerieren, dann ist dies einerseits eine Referenz gegenüber der hohen Qualität des DDR-Märchenfilm-Fundus und in seiner Sendehäufigkeit andererseits die eine Ausnahme von der Regel.

Was aber ist dieser Regelfall in der Behandlung der DDR-Filmkunst?

Christel Bodenstein: »Wenn ich sehe, wie das behandelt wird – das ist eine solche Unverschämtheit. Als hätten wir in all den Jahren nichts zustande gebracht, als wären wir eine Art Pest.« Jaecki Schwarz: »Wenn ich jetzt an 100 Jahre Kino denke und der Osten kommt gar nicht vor, dann kriege ich das Kotzen.« Der Gipfel war erreicht, als der Regisseur Volker Schlöndorff die DEFA-Filme öffentlich in Bausch und Bogen abwertete und lächerlich machte. (Später hat er dafür um Verzeihung gebeten.)

Für die Schauspieler änderte sich durch die Wende vieles. Die in diesem Kapitel aufgeführten Zitate sind dem Band »Der ungeteilte Himmel« entnommen, herausgeben von Ingrid Poss, Peter Warnecke, Bärbel Dalichow. Was die Unterschiede in der schauspielerischen Tätigkeit vor und nach der Wende angeht, äußern sich die Personen dazu, die es am eigenen Leibe erfahren haben, die Schauspieler, die sowohl in der DDR als auch später ihrem Beruf nachgingen. Der Band lässt Aspekte gelten, die nicht in das heutige gängige Bild von der finsteren DDR-Vergangenheit und der wunderbaren Gegenwart passe und schon gar nicht lässt sich diese differenzierte Darstellung auf die Hymne »Einst war es schlecht – heut ist es gut« vertonen. Das freilich muss den Stab über diese interessante Arbeit brechen. Das Negativ-Bild von der DDR ist arretiert, unverrückbar, und gut bezahlte Rechtgläubige sorgen dafür,

dass in dieser aufgeräumten Schublade nichts durchein-
andergerät. In Vorahnung der Vergeblichkeit, hier etwas
umstoßen zu können, schreibt die DDR-Kulturwissen-
schaftlerin Bärbel Dalichow in dem Band: »Kein Buch,
und indessen sind viele erschienen, die eine Korrektur
versuchen, wird daran etwas ändern.« Und doch bleibt
die Wahrheit: Die DDR-Schauspieler sind nicht 1989 von
der Hölle in den Himmel gekommen. Was ihren Weg
nach der Wende betraf, zogen sie laut Dalichow »aus, das
Fürchten zu lernen«.

Alfred Müller nennt die Arbeitsbedingungen für die
Produktion von DEFA-Filmen in der DDR ideal. »Die
Leute hatten viel mehr Zeit zum Ausprobieren. Insofern
waren das wirklich goldene Zeiten.« Müller bekennt offen,
mit der Wende »so gut wie keine Hoffnung« verbunden
zu haben. Auch Horst Drinda bedient die gängigen Kli-
schees nicht: »Ich fand die Mehrzahl der Anliegen, die
die DDR anstrebte und vertrat, lebenswert und hielt diese
Ziele für sehr gut.« »Die Kulturpolitik und die Möglichkeiten für die Kultur in der DDR waren unvergleichlich
günstiger als heute.« Mit Blick auf die gegenwärtige Situation sagt Drinda: »Der allgemeine Verfall ist schrecklich.«
Vom aktuellen Theaterleben heißt es bei ihm: »Ich mag
nicht, was da am Ku'damm alles über die Bühne rattert.«

Der Weltschauspieler Rolf Hoppe, im Herbst 2018
gestorben, will sich der allgemeinen Verteuflung ebenfalls nicht anschließen: »Die Ostzone, die DDR haben
mich zum Schauspieler gemacht, das ist einfach so.« Seiner angestammten Arbeitsstelle weint er mehr als eine
Träne nach: »Ich finde den Untergang der DEFA sehr
traurig.« Den Thesen von der borniertten Infiltration der
DDR-Jugend schließt er sich nicht an: »Die Kindertheater

besaßen ein hohes Niveau.« Waren die DDR-Träume
Illusion, waren sie Schäume? Hoppe: »Bitteschön,
Traumland. Aber es waren auch gute Träume darunter.«

Der bekannte Schauspieler Eberhard Esche genoss den
Vorzug, mit seiner Rolle im Film »Spur der Steine« noch
ein Nachwendeleben im TV zu haben. Denn das ist einer
von den ganz wenigen Streifen, die immer mal ausgestrahlt
werden. Mit der allgemeinen Lage versöhnte das den 2006
verstorbenen Künstler aber nicht: »Dass ich auf der besseren Seite Deutschlands geblieben bin, das bin ich meinem
Beruf schuldig.« Weiter: »Ich glaube, alle Schulen in der
DDR waren gute Schulen. Wobei die DDR überhaupt die
beste Schule war.« Sein Publikum nennt er herrlich. »Sie
erwidern die Treue, es gab ja Gründe, weshalb ich in der
DDR blieb. Da existiert etwas Unausgesprochenes.« Von
den Vorgängen, die 1989 einsetzten, spricht er als einem
»Verhängnis«. Die große Berliner Demonstration auf
dem Alexanderplatz hätte es aus seiner Sicht ohne Genehmigung des MfS gar nicht geben können. »Das war
sicher eine verkommene Angelegenheit.« Für seine sich
dort exponierenden Kollegen bringt Esche eher Mitleid
auf. »Dass die Kollegen in ihrer schuldigen Unschuld auf
dem Alex demonstrierten, um ihre Theater und damit sich
selbst abzuschaffen, das konnten sie nicht wissen.«

Esches Äußerungen belegen, dass nicht selten das Gegenteil von dem wahr ist, was die deutsche Aufarbeitungsindustrie ihre Klienten glauben machen will: »Es gab in
der DDR freie Unterhaltung unter den Kollegen, das ist
absolut weg. Es herrscht so viel Angst, Vorsicht, Abschot-
tung. Aber wir haben es auch mit Menschen zu tun, die
diese Vorsicht für die Garantie von Freiheit halten. Das
heißt, sie halten das für ein freies Benehmen. Die wissen

nicht, wovon wir reden. Ich habe große Nachsicht mit Westmenschen, weil sie einfach schlecht erzogen sind. Das ist ja reine Existenzangst, die sich da äußert.«

Über die Lage an den heutigen Theatern gab er sich keinen Illusionen hin: »Wir haben heute sehr schlechtes Theater, und das spiegelt ja diese Gesellschaft wieder.« Und was die Filmkunst betrifft? »Zu DEFA-Zeiten und wahrscheinlich auch seinerzeit in Westdeutschland waren die Filme nicht immer so schrecklich, wie sie jetzt sind.«

Esche besaß den »Ring des Deutschen Theaters«, der von Eduard von Winterstein über Herwart Grosse auf ihn gekommen war. »Eine leitende Mitarbeiterin des DT empfahl mir, ihn in die Spree zu werfen.«

Als einen wesentlichen Unterschied zur damaligen Arbeit nennt Dieter Mann: »Es gibt keine Planungssicherheit mehr.« Das durchgehaltene Bild vom tumben und brutalen DDR-Spitzenfunktionär zeichnet er nicht mit: »Kulturminister Hoffmann war ein kluger und sensibler Mann. Wir haben ihm sehr viel zu verdanken.«

Das aus seiner heutigen Sicht »ziemlich hohe Niveau« des DDR-Provinztheaters lobt Peter Reusse. Er ist sich sicher: »Bei uns hatten wir mehr Möglichkeiten.« Reusse weiß, wie albern die Vorstellung ist, vor der Wende sei man in Zwängen gefangen gewesen und hernach sei die Freiheit ausgebrochen. »West-Regisseure wunderten sich, dass sich ein Schauspieler so um seine Rolle kümmert. Aber bald wusste man, dass man sich Diskussionen beim Drehen nicht mehr leisten darf.« Reusse weiter: »Man wurde sehr, sehr schnell verschlossen. Man war nicht mehr so redefreudig wie in den Tagen zuvor.« Auch er verurteilt die DDR nicht in Bausch und Bogen: »... aber es gab ein paar Punkte, die wichtig waren und wo ich sagte, da waren wir besser. Wir haben keine Korruption, unsere bereichern sich doch nicht.«

Die Kraft zum Sarkasmus findet noch Hermann Beyer, einer der großen stillen Stars der DEFA und Bruder des Regisseurs Frank Beyer. »Leicht und angenehm lebt es sich nicht unter diesen unerschrockenen Idioten.« Er ist der Einzige, der so etwas wie Optimismus versprüht: »Ich habe die Hoffnung, dass sich das irgendwann umdreht, das geht gar nicht anders. Die Leute werden das alles nicht mehr sehen wollen, was ihnen im Kino und vor allem im Fernsehen angeboten wird. Vielleicht ist diese Hoffnung falsch ...«

Von ihrer Ausbildung als Schauspielerin in der DDR sagt Renate Blume: »Sie gaben einem Handwerk mit auf den Weg, aber auch – was jetzt so fehlt – Ethik und Moral. Und dass ein gelungener Theaterabend nur eine Gemeinschaftsleistung ist und nicht die eines einzelnen Stars. Das kenne ich von meinen Westkollegen gar nicht. Die gucken mich immer völlig entgeistert an, und ich frage sie, ob sie nie gelesen haben, was Stanislawski zu Ethik und Moral geschrieben hat. Aber sie haben allenfalls seinen Namen gehört, sonst nichts.«

Die Oberflächlichkeit des heutigen Fernsehens und Kinos sind für Renate Blume »unübersehbar«. Ihr einstiger Klassenlehrer habe sie gefragt, ob sie wieder Schauspielerin werden würde. Ihre Antwort: »Nein, denn dieser Beruf ist nichts mehr wert. (...) weil er kein Ziel, keinen Anspruch und keinen Bildungsauftrag mehr hat.«

Der Schauspieler Jörg Gudzuhn: »Während mir zu DDR-Zeiten klar war, was ich mit Theater will, weiß ich das jetzt nicht mehr, außer dass ich der Unterhalter bin

für Leute, die in der ersten Reihe sitzen, viel Geld bezahlen können und aus Zehlendorf und Charlottenburg
kommen.«

Wer kann sich was leisten

Bei der Antwort auf die Frage, was die DDR eigentlich mit
ihrem Geld gemacht hat, müsste man nicht nur auf den
Neubau von Sozialwohnungen verweisen, den es in Ostdeutschland bis 1990 gab und danach nicht mehr gab. In
bedeutendem Maße ließ sich dieser deutsche Staat ein vielseitiges Theaterangebot etwas kosten, dessen Erreichbar-
keit und Bezahlbarkeit für jede Bürgerin und jeden Bürger,
zumindest aber die allermeisten von ihnen, abgesichert
war. Theater- und Kino-Billets waren zwischen 1949 und
1990 im deutschen Osten erschwinglich. Das gestattete
auch solchen Schichten das Erlebnis des Theaterabends,
für die das im Klassenstaat nicht vorgesehen ist. Natürlich
bildeten Intellektuelle oder angehende Intellektuelle den
bedeutenden Anteil der Vorstellungsbesucher auch in den
DDR-Jahren. Niemals wieder war jedoch der Anteil von
Arbeitern und Bauern am Theaterpublikum so hoch wie
in der DDR-Zeit. Abgesehen davon, dass der sozialistische Wettbewerb in den Betrieben auch geistig-kulturelle
Ansprüche stellte und die Erfüllung solcher belobigte.
Abgesehen ferner davon, dass Theaterbusse und andere
Fahrgelegenheiten den festlichen Theaterbesuch auch er-
leichterten – nicht selten kamen die Künstler auch in die
Industriestädte oder LPG-Zentren, traten in den dortigen
Kulturhäusern auf und tauschten nach den Aufführungen
auch Gedanken mit ihrem Publikum aus. Die Sängerin

Barbara Thalheim hat einmal geäußert, dass ihr dieser DDR-Kulturhaustyp eher unheimlich gewesen sei, aber noch viel unheimlicher sei das Veröden und Vereinsamen dieser »Tempel« nach der Wende gewesen.

Der Theaterbesuch war seinerzeit kein Vorrecht arrivierter und älterer Persönlichkeiten, mehr als die Hälfte des Publikums war unter 39 Jahren alt, mehr als ein Drittel unter 30 Jahren. Wenn vom »Wandel der kulturellen Infrastruktur« nach dem Ende der DDR die Rede sein sollte, dann müsste von ihrer Abschaffung die Rede sein, das Kino ist vielerorts nur noch mit dem Auto erreichbar.

Mit dem sozialistischen Garantismus im Theaterleben war es natürlich nach 1990 vorbei, wie er ja auch für die gesamte ostdeutsche Gesellschaft nicht mehr galt. Die Absicherung auf Grundniveau für alle wich der Klasseneinteilung in die vom Staat privilegierten Staatsbühnen und Staats- und Polizeiorchester, sowie in jene, die sich von Förderung zu Förderung hangelten, und schließlich in jene, die völlig auf sich selbst gestellt sind und die den schönen Namen »freie Künstler« tragen.

Um die Jahrtausendwende wurde das Mehrspartenangebot in größeren Städten auf dem Gebiet des Landes Brandenburg im Rahmen eines Theater- und Orchesterverbundes eingedampft, der den Spitznamen »Wanderzirkus« bekam. Das Potsdamer Hans-Otto-Theater (beschränkt auf Schauspiel), das Staatsorchester Frankfurt (Oder) (Musik) und das Musiktheater Brandenburg/Havel (Heitere Muse) verpflichteten sich, ihr Angebot auch in den jeweilig anderen Partnerstädten des Bundes zur Schau zu stellen. Vorausgegangen war die Schließung des Kleist-Theaters in Frankfurt und der Brandenburgischen Philharmonie. In den Jahren 2000 und 2001 werde die

Zuschusssumme des Landes höher liegen als später, weil die Abfindungssummen für gekündigte Künstler dann wegfielen, hieß es in einer Begleiterklärung. Ziel war, die Beschäftigtenzahl von landesweit 650 zu halbieren. Im Gegenzug wurde mit beträchtlichen Mitteln punktuell eine Sanierung, Erneuerung und Erweiterung bestehender Provinzbühnen vorgenommen. »Was sollen wir mit den Bühnen, wenn es keine Ensembles mehr gibt?«, hatte der Bühnenverbands 1998 öffentlich gefragt.

Nach der Wende kam es in Brandenburg zu einer beträchtlichen Vermehrung der Museumszahl. Gab es 1990 rund 100 davon im Bundesland, stieg ihre Zahl bis 2002 auf ca. 350. Nur 43 davon waren Stadt-, Land und Regionalmusen, zu denen die als »Leuchttürme« behandelten Schlösser und Schlossmuseen gehören. Hinzu kamen 150 Heimatstuben, ferner Industrie- und Landwirtschaftsmuseen, Spezialmuseen, naturkundliche Museen und Kunstmuseen. Zumindest für das »flache Land« galt vielerorts: Wirtschaft und Gewerbe verschwanden, das Museum kam. Gleichzeitig nahm der Kulturkampf gegen künstlerische Relikte der DDR im öffentlichen Raum an Fahrt auf. Lenin, Thälmann, Pieck und Co. verschwanden, nachdem den Skulpturen der Denkmal-Status klammheimlich aberkannt worden war, manche verschwanden auch schon vorher. Seit der Wende sind »zahlreiche aus DDR-Zeiten übernommene Denkmale aus der Denkmalliste gestrichen worden«, bekannte die damalige Kulturministerin Johanna Wanka (CDU und spätere Bundes-Wissenschaftsministerin).

Auf Anfrage teilte das brandenburgische Wirtschaftsministerium 2006 mit, dass zu diesem Zeitpunkt die 2762 freischaffenden Künstler im Vorjahr durchschnittlich 9852 Euro verdient hätten, also im Monat deutlich weniger als 1000 Euro. Bei einer eventuellen Hartz-IV-Berechnung seien jedoch Arbeits- und Produktionsmittel eines Künstlers grundsätzlich geschützt, das heißt, sie würden in die Prüfung seiner Bedürftigkeit nicht einflie-ßen. Gravierend ist das Problem für die in Brandenburg anzutreffenden freien Beschäftigten der Filmbranche. Denn bevor sie Arbeitslosengeld bekommen, müssen sie in den vorausgegangenen zwei Jahren mindestens 360 sozialversicherungspflichtige Arbeitstage nachweisen. Der Bundesverband Regie schätzt, dass dies für etwa 20 bis 30 Prozent zutreffen könnte. Im Jahr 2017 waren die Pots-damer Studios zu 25 Prozent ausgelastet.

Mach ich mir die Welt,
widdewidde, wie sie mir gefällt ...
Pippi Langstrumpfs kindisches Lied

Das Kind
und das Über-Kind

Kinderhelden verraten viel über den geistigen Zustand
der Gesellschaft

In einer alternden Gesellschaft wie in der deutschen dringen Kinderbücher weit in die Erwachsenenwelt vor. Und ihre erfolgreichen Helden dort stehen – wie immer und überall – ihrer Herkunftswelt gut zu Gesicht, sie sind gleichsam die Verkörperung ihres geistigen Sehnsuchtszustandes.

Unter den menschlichen Kinderhelden der westlichen Welt ragen zwei Figuren heraus. Da ist zum einen »Pippi Langstrumpf«, ersonnen von der schwedischen Autorin Astrid Lindgren. Und zum zweiten ihr jüngerer Bruder Harry Potter, geschrieben von der Britin Joanne Kathleen Rowling.

Was sagt Wikipedia zu Pippi? »Pippi ist ein selbstbewusstes neunjähriges Mädchen mit Sommersprossen, dessen rote Haare zu zwei abstehende Zöpfen geflochten sind. Sie vereinigt in sich viele Eigenschaften, die sich Kinder ersehnen. So hat sie ein eigenes Pferd, lebt allein in einem eigenen Haus, der Villa Kunterbunt, und ist sehr mutig. Auch ist Pippi das stärkste Mädchen der Welt. So bestreitet sie mit ihrem Vater, wenn beide sich treffen, diverse Kraftproben und stemmt zum Beispiel auf einer Feier ihr Pferd hoch, auf dem ihre Freunde Tommy und Annika sitzen. Ein anderes Mal besiegt sie einen Ringer im Zirkus. Da Pippi allein ohne Eltern wohnt, kann sie alles tun und lassen, was sie möchte. Da sie einen Koffer voller Goldstücke besitzt, ist sie auch materiell völlig unabhängig. (...) Pippi gerät häufig mit Erwachsenen in Konflikt – so widersetzt sie sich zwei Polizisten, die sie in ein Kinderheim bringen wollen – und verursacht regelmäßig Chaos: Während einer Einladung zum Kaffeekränzchen streut sie Zucker auf den Boden, läuft barfuß drüber und taucht ihr Gesicht in die Torte. Dabei bleibt sie jedoch stets freundlich, setzt ihre übermenschliche Kraft nur im Notfall und sehr behutsam gegen andere ein ...«

So weit Wikipedia. Geht es eigentlich noch idiotischer? Pippi Langstrumpf ist das Urbild der frechen Fernsehgöre, eine eltern-freie, hoch neurotische Schulverweigerin. Wer kann ein solches, im Grunde bedauerliches, emotional armes Wesen den Kindern als Vorbild andienen? Diese »Pippi« scheint weniger ein Kinder- als ein Eltern-Star zu sein, sie verkörpert Allmachts-Sehnsüchte erwachsener Menschen. Kein Kind der Welt will allein leben, jedes Kind der Welt ist begierig darauf, die Welt der Erwachsenen kennenzulernen und zu verstehen. Natürlich kann man auf die bekannt-naive Weise der westdeutschen 68er »gegen Autoritäten« sein (das sind ja wohl die großen Pippi-Anhänger), doch sind Autoritäten eben immer auch nützlich und wichtig für Kinder, sie sind oft lehrreich, man kann sich an ihnen reiben und formen und so weiter.

Die heute in West wie Ost um sich greifenden psy-
chischen Störungen von Kindern wurzeln nicht zuletzt
in dergleichen »Erziehungsidealen«. Kann hier etwas
anderes entstehen als eine kranke Vorstellung gleichsam
globaler Dimension?

Pippi ist als Kunstfigur sehr alt, etwa ein halbes Jahrhundert später stieß ein gewisser Harry Potter sie vom
Thron der westdeutschen Lieblingsgestalten. Es geschah
Jahre nach der Wende, und nun gerieten auch die Kinder Ostdeutschlands in seinen Bann. Was sich in ihrem
Gemüt gemessen an dem ihrer DDR-Eltern geändert hat,
macht der Vergleich zwischen dem heutigen Kinderhelden
Harry Potter und dem DDR-Kinderhelden Alfons Zitterbacke deutlich, der hier gezogen werden soll:

Erfolgsbücher sind nicht allein für ihre Fangemeinde
wichtig. Erfolgsbücher geben einen enthüllenden Blick auf
eine Welt frei, in der diese Bücher ihre Wirkung entfalten.
Von solchen Werken kann sehr fundiert auf Sehnsüchte
und Erwartungen im Publikum geschlossen werden.

»Alfons Zitterbacke« wie auch »Harry Potter« sind
Erfolgsbücher, wenn auch ganz unterschiedlicher Dimen-
sion. Während die Erfolgskarriere des Alfons auf die DDR
beschränkt geblieben ist, hat Harry nach 1997 die ganze
Welt erobert, zumindest ihren solventen Teil. Alfons er-
blickte als literarische Figur 1958 das Licht einer halbwegs
gefestigten DDR-Kleinwelt, erdacht von Gerhard Holtz-
Baumert. Harry entsprang der Feder der Britin Joanne
Kathleen Rowling, mithin in einem Staat, der ein paar
Jahrzehnte zuvor noch die halbe Erde beherrscht hat.
Vom Alfons erschienen drei relativ schmale Bücher, Harry
brachte es auf sieben dicke. Harry ist als weltweites lite-
rarisches und Kommerzkonzept aufgegangen, und seine

Autorin ist heute reicher als Queen Elisabeth. Während der Alfons auf diese Dinge überhaupt nicht angelegt war und schon heute in vielem der Kommentierung bedarf. (Was ist ein Landambulatorium? Was ist ein Kosmonaut?)

Ein Kollege, der als Kind von »Alfons Zitterbacke« begeistert war, schenkt dieses Buch seinem heute zehnjährigen Sohn. Der und dessen Freunde sind sich im Urteil über Alfons restlos einig: »Der ist einfach nur blöd.« Was sie vom ihrem Idol Harry niemals sagen würden. Warum das so sein muss, lohnt die Antwortsuche und auch die auf die Frage, welcher Abstand zwischen der Kindheit dieses Mannes und der heutigen seines Kindes auf diese Weise deutlich wird. Denn Alfons und Harry sind beide Kinder ihrer Zeit und deren Spiegelbilder. Beides sind Helden, sozusagen wie aus dem Bilderbuch. Beide sind fiktiv, annähernd gleich alt und ringen auf ihre Weise mit der Umwelt. Für beider Zeiten bezeichnend sind die Darstellung des Helden-Kindes, der Mitmenschen, der Art und Weise von Konflikten und des Umgangs mit ihnen.

Was die heutigen Kinder an einer Figur wie Alfons verstören, ja verärgern muss, hat einst zu seiner Popularität unter Kindern beigetragen und liegt auf der Hand: Er bekennt sich zu seinen Ungeschicklichkeiten, er verbirgt sie nicht einmal. Alfons kommt mit Unzulänglichkeiten daher. Er besitzt kein grundlegendes Misstrauen gegen die Welt, in der er lebt. Warum sollte er auch? Zu seinen Zeiten ließen Frauen vor der Kaufhalle noch die Kinderwagen stehen, und die einzige Gefahr für die Babys bestand darin, dass eine vorübergehende Fremde ihnen den Nuckel ins Mäulchen steckte, wenn sie vielleicht geschrien haben. In dieser Welt fühlten sich auch Jugendliche so sicher, dass sie mit Volljährigkeit rasch die eigene

Wohnung ansteuerten. – Das endlose Verharren in der
beschützenden Festung »Hotel Mama« dagegen ist der
Potter-Ära vorbehalten.

Alfons heißt Zitterbacke. Er ist entwaffnend freimütig
und mitunter bedenkenlos. Er ist natürlich auch berech-
nend, liegt aber regelmäßig falsch. Ihm fehlt, was seinem
Ruf im heutigen Kinderzimmer das Todesurteil unterzeichnet. Er ist nicht »cool«. Er ist sogar das Gegenteil
von cool. Er ist ein Pechvogel, der heute »Loser« oder
»Opfer« genannt werden müsste, und gibt das auch noch
zu. In nichts reicht er an den strahlenden Harry Potter
heran. Der ist ein Prinz, ein minderjähriger Superman –
geboren, um siegreich zu sein.

Eine bildungsbürgerliche Ablehnung des Potter-Stoffs,
wie sie von vielen Literaturwissenschaftlern vorgenommen wird, wurzelt in elitärem Anspruch, und dieses
Schicksal teilt Harry im Übrigen mit sehr vielen »Tri-
vial-Erfolgen«. Literarisch interessant ist dennoch dies:
Während die Dinge, die Alfons zustoßen, in ihrem Ausgangspunkt und der Konstellation immer wieder neu
sind, während jede seiner lustigen oder nachdenklichen
Geschichten einen Eigenwert verkörpert und eine eigene
Botschaft trägt, sind diejenigen Harrys von überwälti-
gender Schlichtheit. Auf Abertausenden Seiten erlesen
sich die Käufer das Immergleiche. Von der ersten Seite
an ist eine machtvolle und unwandelbare Grundeintei-
lung vorgegeben: Gut ist und bleibt immer gut, böse dito.
Hier stehen Harry und seine Freunde – dort der Wider-
ling Draco Malfoy, der verschlagene Lehrer Snape und
die grauenhafte Urmacht Lord Voldemort. Auf Potters
Spuren bestätigt sich die ursprüngliche Determination
aller Figuren. Das ist der im Grund vollkommen öde

Ausgangspunkt eines jeglichen Konflikts, oft genug sim-
pel aufgelöst durch einen Zauberstab. Auch Pippi Lang-
strmpf kommt nicht ohne »übermenschliche Fähigkeiten« aus. Erstaunlich ist nicht, dass es so banal abläuft,
sondern dass Millionen Menschen von solchen eigentlich
langweiligen Dingen ehrlich fasziniert sind. Mit Harry
Potter hält die Gewissheit Einzug ins Kinderzimmer, dass
es ein Weltzentrum des Guten sowie des Bösen gibt. Und
auch die vielen Erwachsenen unter den Lesern lernen,
dass bei der a priori gegebenen Einteilung in Rechtschaf-
fende und Schurken nicht mehr gefragt werden muss, ob
es vielleicht der Oberschurke war, der diese Einteilung
vorgenommen hat.

Nun gut, es ist erforscht und bewiesen: Allein das Ewige
interessiert das große Publikum und nicht die zufällige
Ausnahme. Die Autorin von »Harry Potter« setzte mit
ungeahntem Erfolg auf die Archetypen-Theorie, wonach
allein menschliche Grundtypen und immer wiederkeh-
rende Grundkonstellationen wirklich Interesse beanspruchen können. Der Schüler Sigmund Freuds – Carl Gustav
Jung – hat eine Wissenschaft daraus gemacht: Solche
Archetypen sind der jugendliche Held, das göttliche Kind,
die edle, jungfräuliche Schöne, die Hexe, der weise gute
Alte und so weiter. So war die Potter-Verfilmung kein Problem, der Stoff erfüllt diese engen Vorgaben grandios. J. K.
Rowling hat gleichzeitig ein Drehbuch geschrieben. Wichtig bei dieser kindlichen, im Grunde naiven Weltshow:
Figuren, denen die Rolle des Guten zugesprochen wird,
sind immer auch gut aussehend. Und richtig süß. Dem
Hässlichen dagegen sieht man die Bosheit an. Zwar wird
man bei Alfons diese Archetypen auch aufstöbern können,
sie sind in seinem Falle allerdings nicht Selbstzweck.

»Harry Potter« ist mit seinem überwältigenden Erfolg beim Publikum ernst zu nehmen – weniger literarisch, mehr als Kennzeichen von Zuständen, aus denen er hervorgegangen ist und in die er hineinwirkt. Denn worin offenbart sich die Angst vor der unerforschlichen, bedrohlichen Wirklichkeit, wenn nicht in der weltweiten Sehnsucht nach dem wohlgeordneten Märchen? Das Buch bebildert diese Bedrohung, und wenn seine Leser in der Wirklichkeit nicht siegen können, dann wenigstens mit Harry Potter. Er ist ja nur der absolute Höhepunkt eines immer stärker werdenden Stroms an Fantasy-Angeboten (»Die unendliche Geschichte« und die Sage »Herr der Ringe« gehören ebenfalls dazu), welche in den vergangenen Jahrzehnten weltweit das Bewusstsein beeinflussen. Harrys Welt ist eine groteske Scheinwelt, ein Geisterreich voller dunkler Mächte, die eher dem Unterbewussten oder Albträumen zuzuordnen wären. Die Waffen gegen diese Mächte sind ebenso phantastisch. »Harry Potter« führt in eine immerwährende Walpurgisnacht, die von Goethe schon verdammt wurde als »schaurig, wunderlich, lachhaft und verrückt«, als Zusammenballung von allem Widergöttlichen, Widersinnlichen, Hässlichen und Gemeinen. Die Walpurgisnacht im »Faust« ist wirklich deutsch und als solche vom Dichter dem Griechischen, Strengen, Maßvollem, Appollinischen gegenübergestellt. Wenn sich heute Millionen Menschen aber genau darin wiederfinden, dann müssen böse gegenwärtige Lebensumstände hier ihre literarische Entsprechung gefunden haben. Sie ist mit »Harry Potter« nun hoffähig geworden, dieses nicht hoch genug zu bewertende Verdienst kommt der Romanserie zweifellos zu. Leser genießen den kitschig-gewissen Sieg des Guten, und die dabei mitschwingenden Allmachtsphantasien tun ein Übriges. Übel nehmen kann man das dem Publikum wenn überhaupt nur begrenzt. So muss es wohl sein in einer Zeit, in der in Großbritannien die Mehrzahl der Kinder aus Angst vor ihrer Umgebung es nicht mehr wagt, den Weg zur Schule zu Fuß anzutreten.

»Harry Potter« ist ein Schauermärchen von beeindruckender Unwirklichkeit, in dem alle möglichen Geister der Vergangenheit beschworen werden. Alfons Zitterbacke ist dagegen eine realistische Erzählungsfolge, die ihre Poesie aus Gegenwart und auch Zukunft bezieht. Von seinem Bruder Harry ist Alfons weglos weit entfernt mit seiner unstillbaren Lust auf Wirklichkeit. Eine Wirklichkeit, die bunt und aufregend ist, die aber auskommt ohne dämonische Kräfte, wenn auch das Unheimliche nicht fehlt. Wo Geheimnisse jedoch am Ende eben keine Wunder sind und die Welt als erkennbar und darstellbar erscheint. Wo natürlich auch pausenlos Rätsel auftauchen, wo aber immer wieder das Erlebnis bestätigt wird, dass Gut und Böse eben nicht so einfach und klar geschieden sind. Dort gehen Schein und Sein oft skurrile Verbindungen ein. Wie dialektisch. Wie kompliziert. Wie ossihaft. Dabei verharrt Alfons keineswegs in der begrenzenden Heimwelt, auch er verhandelt mitunter Allergrößtes, auch er greift nach den Sternen. Im festen Willen, ins Weltall vorzustoßen, bleibt er aber gewissermaßen mit den Füßen auf der Erde.

Alfons' weitgehende Vertrauensseligkeit in seine Umwelt wird von Harry und dessen Freunden nicht geteilt. Beide Jungen führen zwar die allgegenwärtige Lebensauseinandersetzung auf der Bühne einer Schulklasse auf. Bei Harry allerdings sind die Bandagen ungleich härter. Gespenstisch dabei sind weniger die umherwuselnden und -fleuchenden Geschöpfe aus der Trickkiste, sondern

die vorlauten und nervenden Kinder selbst. Abstoßend
die den Erwachsenen abgelauschten Slapstick-Dialoge von
Hermine, Ron und Über-Harry. Schrecklichste Erlebnisse
nehmen sie feixend an. Permanent lösen sie unlösbare Aufgaben. Ihr Leben ist dem Kampf geweiht. Die Todesgefahr
bleibt ständiger Begleiter dieser Kinder und ebenfalls ihre
unmenschliche Lust, alles und vor allem sich selbst aufs
Spiel zu setzen.

Alfons, der Dutzendjunge, wie auch seine Freunde und
Gegner wollen ebenfalls in Auseinandersetzungen bestehen und messen ihre Kräfte. Um Leben und Tod geht es
dabei natürlich nicht. Das Milieu dabei ist das des DDR-
Alltags, die Frage nach einem »Oben« oder »Unten«,
nach einer sozialen Hierarchie stellt sich nicht. Alfons
wird mit Achtungs- und Gleichheitsgrundsätzen vertraut
gemacht, und er hat sie verinnerlicht. Er ist altmodischen
Anstands- und Artigkeitsregeln unterworfen (»Mach
einen Diener«), aber es sind jene, die heutzutage wieder
Konjunktur haben. Seine Kinderwelt kennt jede Menge
Kuriositäten und Konflikte, aber keine soziale Abstufung.
Die Harry-Geschichte dagegen spielt in »gutem« Hause,
was heute durchgängig als Synonym für »reiches Haus«
gilt. Hier findet der Kampf unter Kinderstars statt, unter minderjährigen Auserwählten. Die Prise Sozialkritik
fehlt zweifellos nicht, wie auch die Quoten-Absicherung
durch schwarze, arabische und asiatische Mitschüler. Auch
Harry blickt auf eine schwere Kindheit zurück, und sein
Freund Ron entstammt nicht gerade begüterten Verhältnissen. Ihre fiesen Gegner sind reiche Sprösslinge. Aber
diese Prise bedeutet eigentlich gar nichts, außer, dass ohne
sie noch niemals solche Geschichten Widerhall bei Mas-
sen gefunden haben. Diese Prise ist die Maske vor dem

eigentlichen Gesicht: Harry verfolgt ein extrem elitäres Konzept, seine Majestät ist unantastbar, während Alfons umwerfend demokratisch auftritt.

Von dem – eingebildeten – Zwang, sechzig Eier essen zu müssen einmal abgesehen, sind die Mahlzeiten bei Alfons maßvoll. Die Tische vor den Zauberschülern in kathedralischen Hallen biegen sich dagegen unter ungeheuren Kuchen- und Tortenbergen. Welche Sehnsucht wird hier bedient? Wer in dieses Wunderland liefert – halb Schlaraffen- halb Höllenland – und wem es weggenommen wird, bleibt ausgeblendet, so wie in den realen Kaderschmieden der westlichen Elite heutzutage der genossene Überfluss kaum der Reflexion unterliegt. Die Kinder in der Zauberschule tragen durchweg Richter- oder Anwaltsrobe, mithin die Tracht einer Kaste, welche im wirklichen Leben über ein Geheim- und Machtwissen verfügt, die alle übrigen Menschen unterwirft und damit schon für sich genommen jeden Freiheitsglauben in der spätbürgerlichen Welt ad absurdum führt. Den Zehn- oder Zwölfjährigen der Zauberschule Hogwarts ist ein Dünkel ins Gesicht geschrieben, der sie dermaleinst vollends beherrschen wird.

Alfons spricht die Sprache seiner Zeit und bleibt dabei das Kind, das er nun einmal ist. Die Kinder um Harry verbinden Teenager-Gewitzel mit altklugem Geschwätz und schwelgen gleichzeitig in mittelalterlichen Rechts- und Ehrbegriffen. Hier findet er sich, der schon von Heinrich Heine verlachte Mix aus »modernem Lug und gotischem Wahn«.

Das durchgehaltene »Sie« der Lehrer auch den kleinsten ihrer Zauberlehrlinge gegenüber verliert einen prüfenden, distanzierenden Gehalt niemals. Die Schüler sind praktisch nie gelassen oder unbeschwert, sie sind pausenlos in Rollen gedrängt, die eigentlich Kampfpositionen sind. Alfons erlebt in seiner Sphäre auch Enttäuschungen, sogar bittere, doch kann er immer noch seinen Mitmenschen den Rücken zudrehen, ohne dass ihm dieser Vertrauensbeweis auf irgendeine schreckliche Weise heimgezahlt wird. Seine Schule kennt auch Ruhepunkte, und das »Du« in dieser Schule versteht sich von selbst. Alfons hat zwar jede Menge Ärger, aber er lebt gleichzeitig in einer ihn schützenden Welt, und er weiß das auch. Erwachsene werden auf ihren Wert getestet, sind mal sympathisch, mal weniger, doch niemals Erzfeinde. Er liebt seine Eltern, sagt Mama und Papa. Harry dagegen hat keine Eltern mehr, Gefühle ihnen gegenüber können seine Mission demnach auch nicht stören. Hier ist er wieder der Pippi Langstrumpf gleich, die auch alleine lebt. Das Erwachsenen-Bild ist ein klares: Wer die Macht besitzt, wird respektiert, solange er sie besitzt. Die übrigen werden auf Nützlichkeit abgeklopft.

Alfons Zitterbacke kündet wie eine literarische Versteinerung von einer versunkenen Welt, die ziemlich kleinbürgerlich war, aber seltsam egalitäre Vorstellungen ausgebildet hat. Das Weltereignis Harry Potter ist literaturwissenschaftlich umstritten, als Zustandsbericht und Sittenbild hingegen, als Ausdruck für einen problematischen geistigen Weltzustand unbezahlbar.

Mit Fleiß betrachte,
was der schwachen Kraft entspringt.
Friedrich Schiller

Und dann der Sport, der reenste Mord.
Wat ist det bloß für'n Tempo heute.
Otto Reutter

Im Gleichschritt und im Laufschritt

Sport: Der deutsche Osten hat Drittweltstatus

1988 organisierte sich die DDR-Sportbewegung bei den Olympischen Spielen in Soul hinter der Sowjetunion den zweiten Platz in der inoffiziellen Länderwertung: mit 37 Gold-, 35 Silber-, und 30 Bronzemedaillen. Diesen paar Quadratkilometern um Westberlin herum gelang damit eine atemberaubende physische Entäußerung. Was das bedeutete, wird mit Blick auf die Gegenwart deutlich: Das gemeinsame Deutschland gilt vielleicht noch nicht als sportlicher Drittweltstaat, tummelt sich aber allenfalls am unteren Rand der Mittelmächte. Nach dem Triumph in Soul – so hieß es unter der Hand – schmiedeten die Sportplaner und -organisatoren um Sportverbandspräsident Manfred Ewald den Plan, nun auch noch die letzte Stufe zu erklimmen und den großen Bruder UdSSR aufs Treppchen zu verweisen. Die Aussichten dafür, dass der

kleine 16,5-Millionen-Einwohner-Staat damit erfolg-
reichste Sportmacht des gesamten Universums geworden
wäre, standen nicht einmal schlecht. Hauptkonkurrent
Sowjetunion war schon perestroikageschwächt. Aber bevor dieser GAU eintrat, war Schluss, die Wende hatte sich
dazwischengeworfen.

Die Nachwehen dieser überaus erfolgreichen DDR-
Sportpolitik waren immer noch so kräftig, dass allein
das Bundesland Brandenburg 1992 bei den Olympischen
Spielen in Barcelona mit einer phantastischen Ausbeute
zurückkehrte. Seinem Barcelona-Medaillenspiegel nach
wäre das Bundesland – eigenständig angetreten – unter
den zehn größten Sportnationen der Welt einzuordnen
gewesen.

Zweifellos wurden nach 1990 viele ramponierte DDR-
Sportanlagen durch schicke, neue ersetzt. Wer sie nutzen
wollte, zahlte jetzt aber auch viel Geld dafür, und das
kann längst nicht jeder. Das ist ein nennenswerter Unterschied zur DDR-Sportbewegung. Ja, die ramponierten
Sportanlagen waren volkseigen, und beispielsweise für
Direktstudierende war damals Sport ein Pflichtfach. Sie
hatten die Wahl zwischen verschiedenen Disziplinen, aber
nicht, ob sie überhaupt Sport treiben. Die Breitenwirkung
in zum Teil verrotteten Sportanlagen mündete in ein
wirkliches Wunder der DDR. Ihre unglaublichen sportlichen Erfolge. Welche Rolle Doping dabei gespielt hat,
ist zum Teil erwiesen, zum Teil Mythos. Doping war dem
DDR-Leistungssport vermutlich genauso wenig fremd wie
allen anderen Ländern auch. Heutige Missgunst und die
Pflichtmeinung vom Unwerten all dessen, was aus diesem
Staat stammte, verleitet dazu, den sportlichen Erfolg der
DDR auf die Drogeneinnahme zu reduzieren. Sie fand

übrigens unter ärztlicher Aufsicht statt. In der Bundesrepublik nicht, was dort mitunter zum Tode des Sportlers
führte. Solche Präparate werden bei den DDR-Sporterfol-
gen ihre Rolle gespielt haben, aber etwas anderes war viel
wichtiger. Die Medaillenausbeute basierte in erster Linie
auf einer ungeheuren sportlichen Massenbewegung, in die
jeder Kindergarten, jede Schule einbezogen war, getreu
der Leninschen Vorgabe, »Erfolge werden nicht errungen
(oder herbeigedopt M. K.) – sie werden organisiert«.

In meiner Schule war die Teilnahme an einer Sport-
Arbeitsgemeinschaft Pflicht, es sei denn, diese Teilnahme
war in einer Betriebssportgemeinschaft gesichert. In der –
heute abgerissenen – Sporthalle des Hennigsdorfer Stahl-
werkes trainierten neben uns Turnern so kuriose Vereine
wie Radballer. Mein Mathematiklehrer war Mitglied
der DDR-Nationalmannschaft im Rugby. Mein Cousin
»stärkster Lehrling« im Bezirk Karl-Marx-Stadt. Bis ich
mit sechzehn Jahren dann beim Gerätturnen blieb, durch-
lief ich im Arbeiterstädtchen Hennigsdorf folgende Sport-
vita: Handball, Fußball, Ringen, Schwimmen, Boxen,
Schach, Fanfarenzug, Tennis, Leichtathletik, Reiten, Judo,
Tischtennis, Tennis. Kinder müssen sich ausprobieren.
Doping gab es nirgends.

Seine Spitzenposition hat Ostdeutschland längst ein-
gebüßt. Nicht zuletzt aus finanziellen Gründen hängen
die neuen Bundesländer auch beim Breitensport den alten
weit hinterher, viel weniger Menschen als in Westdeutschland gehören im Osten Deutschlands einer Sportgemein-
schaft an. Muskel-Aufbaupräparate, das heißt Doping, gab
es im DDR-Leistungs- und Spitzensport und beschränkte
sich damals auf diese Sphäre. In welchem Maße heutzutage Fitness-Einrichtungen oder andere Stellen solche

Präparate anbieten, inwieweit also heute der Missbrauch von Doping im Osten Deutschlands viel verbreiteter ist als zu DDR-Zeiten, könnte man ja einmal untersuchen.

Nüchternes Fazit: Zu DDR-Zeiten hatte Ostdeutschland keinen wirtschaftlichen Erfolg, aber den sportlichen. Heute hat es weder den wirtschaftlichen Erfolg noch den sportlichen. Oder stimmt das nicht?

*Die Deutschen leiden unter einer kollektiven
Verfolgungspsychose, nicht, dass sie sich verfolgt fühlten,
nein, sie verfolgen gern. Und sie schießen seit Jahrhunder-
ten über das Ziel hinaus. Als notorische Klassenbeste
tendieren sie noch heute zur Übertreibung,
gerade wenn ihr moralisches Empfinden berührt ist.
Dann verrennen sie sich in Verfolgungsideen.*

Gordon Alexander Craig, britischer Historiker

Hexe, Jude, Stasi-IM

Drei deutsche Verfolgungsphänomene im Vergleich –
zehn essenzielle Gemeinsamkeiten

»Wegjagen den Mann« – in seiner Einschätzung, die er
dem Internet anvertraute, war ein beliebter, jovialer rbb-
Fernsehjournalist kurz angebunden. Er bezog sich auf
den Berliner LINKEN-Staatssekretär Andrej Holm. Dass
der mit seiner »Stasi-Vergangenheit« kein Staatssekretär
sein oder bleiben darf, versteht sich schließlich von selbst.
Ebenfalls mehr als ein Vierteljahrhundert liegt die kurze
IM-Tätigkeit eines hochrangigen brandenburgischen Ge-
richtsmediziners zurück, der bei seiner Überführung auf
der Stelle entlassen wurde. Ein Kollege von mir rief in der
Diskussion dieses Falles erregt, den müsse man erschießen. Dass ein bekannter Berliner Gedenkstätten-Direk-
tor die Amtsübertragung an Holm eine »Zumutung«
und ein fatales Signal nannte, wundert vielleicht nicht.
Für eine hochrangige brandenburgische Behördenchefin

waren diese Ereignisse Anlass, erneut die Entfristung der Stasi-Überprüfung zu fordern. Ist es ausreichend, hier die rhetorische Frage zu stellen: Was ist in diesem Land los? Welchen Weg hat es genommen und wird es künftig nehmen? Noch im April 1990 hatte der SPD-Pressedienst festgestellt, dass jeder DDR-Bürger, der für einen Nachrichtendienst seines Staates tätig war, rechtmäßig gehandelt hat. Ihm sei so zu begegnen wie Bürgern der BRD, die für den BND tätig gewesen seien.

Aus dem Amt gejagt wurden Holm und der Gerichtsmediziner nicht, weil sie in der Jugend einige Wochen lang mit der Stasi zu tun hatten. Sondern – das gilt jedenfalls für den Gerichtsmediziner – weil er das nicht angegeben hatte, auch auf mehrfache Nachfrage nicht. Natürlich ist das ziemlich pharisäerhaft, denn hätte er es angegeben, wäre er keine Sekunde länger Gerichtsmediziner geblieben. Also ist es am Ende doch diese V-Mann-Tätigkeit, die ihm zum Verhängnis wird. Bemerkenswert in beiden Fällen: Geurteilt und verdammt wurde von Menschen, die kein einziges Mal nach der Substanz, nach konkreten Umständen dessen fragen, was geschehen war. Also was die beiden eigentlich verbrochen haben sollen. Es läuft eine reine Mechanik ab.

Zweifellos echt, das heißt keineswegs gespielt, sind die bei diesem Thema ausbrechenden Gefühle. Es betrifft nicht Emotionen, die in einer sonst gerne »coolen« Welt versteckt werden, sondern auf die sich ihre Träger etwas zugutehalten. Es handelt sich also nicht einfach um die Haltung, wonach ein Missetäter eben abgeurteilt gehört und gut. Dort kann man in unserem Land und auch beim zitierten Fernsehjournalisten, bei der genannten Behördenchefin und bei dem namentlich natürlich nicht genannten Kollegen eine rechtsstaatliche, menschliche und vielleicht sogar großzügige Grundhaltung voraussetzen. Alle drei wissen, es existieren Felder, auf denen sollte man ganz bewusst Emotionen nicht auch noch schüren. Das gilt nicht beim DDR-Staatssicherheit. Bei diesem Thema ist der Wutausbruch Bürgerpflicht. Hier fließt Herzblut. Natürlich hat der Kollege das mit dem Erschießen nicht wörtlich gemeint. Aber fällt ein solcher Satz einfach so?

Deshalb und weil die Protagonisten seit dreißig Jahren jegliche Debatte über die ethischen oder juristischen Grundlagen ihres endlosen Verfolgungsmarathons gegen einstige Mitarbeiter des DDR-Staatssicherheitsdienstes verweigern und weil ferner ein Grundeinverständnis vor allem in den wichtigsten Medien das alles stützt, bestätigt und beständig antreibt, muss der Blick ganz besonders darauf ruhen. Denn worauf man sich verlassen kann: Es ist mal wieder äußerst problematisch, worin sich die Deutschen mehrheitlich einig sind. Daher liegt es also auf der Hand, dieses Phänomen im gesellschaftlichen Leben Deutschlands mit früheren deutschen Verfolgungsaktionen zu vergleichen, Verfolgungen, die mit ähnlicher Inbrunst vonstatten gingen: mit der Hexen- wie auch mit der Judenverfolgung. Herauszuarbeiten wären dabei Ähnlichkeiten wie auch Unterschiede. Vor allem aber muss interessieren: Was ist hieran spezifisch deutsch?

Zwingend muss an dieser Stelle ein erklärendes Wort fallen, denn die geltenden bundesdeutschen Denk- und Untersuchungstabus sind berührt. Genauso wenig, wie in den vergangenen fünfundzwanzig Jahren jemals die Verbrechen des Westens denen der DDR gegenübergestellt wurden – warum wohl nicht? –, gilt auch hier, dass sich im Bereich Hexe-Jude-Stasi-IM jeglicher Untersuchungsimpuls verbietet und – dies als Ergebnis meiner Gespräche – dieser Versuch, ja diese Aufreihung allein schon, als geradezu obszön eingestuft wird. Ein Vergleich ist aber niemals für sich genommen falsch, dieses Verdikt kann allenfalls auf sein Ergebnis gemünzt sein. Es ist also keineswegs illegitim, bestürzende Parallelen herauszuarbeiten und gleichzeitig die völlige Verschiedenheit in ihren Auswirkungen herauszustellen. Zumal – dies sei als Ergebnis vorweggenommen – die sozialpsychologische Funktion der jeweiligen Verfolgung in allen drei Fällen die gleiche ist. Aus diesem Grund werden diese Parallelen in der Verfolgung von Hexen, Juden und Stasi-IMs nachfolgend zunächst einfach nur aufgezählt.

Alle drei verfolgten Gruppen werden beziehungsweise wurden (1.) nicht als Straftäter verfolgt, was sie ja auch nicht sind und übrigens auch in den Augen ihrer Verfolger nicht sind. Der Verfolgungsimpuls ist (2.) also in allen drei Fällen seinem Kern noch nicht strafrechtlicher, sondern moralischer Natur. In allen drei Fällen handelt es sich (3.) dem Selbstverständnis der Verfolger nach um den Kampf des Ur-Guten gegen das Ur-Böse, hier will sich das Gute im Sieg über das Böse bestätigen. Für alle drei Gruppen entwickelte der deutsche Staat (4.) ein Sonder-Recht mit dem Ziel der spezifischen Wehrlosmachung. Die Verfolgung findet (5.) unbeirrt statt, obwohl keine dieser drei Gruppen eine Gefahr für den Staat oder die Sozialität als solche darstellte oder auch nur die Absicht hatte, dies zu sein. Alle drei Verfolgungsaktionen sind (6.) ihrem Wesen nach Reinigungsaktionen, das deutsche Bedürfnis nach Reinheit und Reinigung findet hier in der Abrechnung mit dem Sündenbock Bestätigung, wobei Ost- und Westdeutschland unterschiedliche Reinigungsbedürfnisse

verspüren. In der Auswirkung ist jede dieser drei Verfolgungsaktionen (7.) eine Warnung und Disziplinierung
der Gesellschaft und dient als Ablenkung dazu, die Gesellschaft in ihren sonstigen Facetten weniger kritisch zu
sehen. In allen drei betrachteten Fällen lohnt sich ferner
(8.) die Verfolgung für die Verfolger auch finanziell. (Bei
einer lediglich strafrechtlichen Verfolgung gibt es das
nicht.) Jegliche Begnadigung ist (9.) sowohl bei Hexen
als auch bei Juden und IMs vollkommen ausgeschlossen,
Gnade und Barmherzigkeit dürfen bei derartig fundamentalen Abrechnungsritualen keine Chance bekommen, und
darin sehen die Verfolger einen Wert. Und schließlich (10.)
ist Deutschland in allen drei Fällen Quelle der Verbreitung
dieserart Verfolgung im europäischen Umland gewesen.

Bevor wir in die Einzelheiten gehen, erkläre ich angesichts der zu erwartenden Reaktionen – nämlich dass ich
die Hexenverfolgung, die Judenverfolgung und die IM-
Verfolgung »gleichgesetzt hätte« – ausdrücklich: Nein,
ich setze diese Dinge keineswegs gleich, die abgrundtiefen
Unterschiede sind mir bewusst.

Halten wir zunächst diese Unterschiede fest: Es handelt sich beispielsweise um Verfolgungsphänomene völlig
unterschiedlicher Dimension. Die Hexenverfolgung er-
streckte sich auf die Jahrhunderte des Mittelalters, tas-
tete sich aber gleichsam auch in die Neuzeit vor. Den
Juden wurde in der Antike ihr angeblicher Hochmut zum
Verhängnis, in den anderthalb Jahrtausenden der Kir-
chenherrschaft ihre »Schuld« am Kreuzestod des Rabbis
Joshua, den die Griechen später Jesus Christus nannten.
Die schrecklichste Ausprägung des Judenhasses fand in
der Nazizeit mit der industriell betriebenen Vernichtung
von sechs Millionen Juden statt. Was die zeitliche Länge

und Auswirkungen auf Leib und Leben betrifft, sind diese deutschen Verfolgungsaktionen tatsächlich nicht vergleichbar. IMs der Staatssicherheit werden nicht auf Scheiterhaufen verbrannt oder in Vernichtungslagern vergast. Sie werden aus den Positionen geworfen, gedemütigt, öffentlich an den Pranger gestellt und gelegentlich in den Selbstmord getrieben. Und wenn ihre Kinder in der Schule zusammengeschlagen wurden, dann müssen »diese Leute«, einem einstigen sächsischen Justizminister zufolge »ein Stück weit damit leben«. Das ist als Unterschied zu werten, IMs werden nicht direkt getötet, aber man kann auch moralisch töten. Sie stehen, um ein Wort von Karl Kraus zu verwenden, am »desinfizierten Marterpfahl«. Das Vorgehen gegen sie beschränkte sich zunächst auf ihre Entfernung aus dem öffentlichen Dienst und ihre öffentliche Demütigung. Sie haben also – in etwa – das zu ertragen, was die Juden im Jahr 1933 ertragen mussten. Bemerkenswerter Unterschiede weiterhin: Es sind durchaus Handlungen, die den IMs zur Last gelegt werden, den Hexen wurden vermeintliche Handlungen unterstellt, bei der Verfolgung der Juden ging es in der Regel um überhaupt keine Handlungen.

Wenn das zu den Unterschieden gerechnet wird, dann mit gewichtiger Ergänzung: IMs werden endlos für Handlungen verfolgt, die keine Straftat darstellen. Es kann nicht verboten sein, den Geheimdienst seines Vaterlands zu unterstützen, zumal dies in allen westlichen Ländern mit Billigung der Behörden und Parlamente geschieht. Als Verfolgungsgrund dient das allein und ausschließlich, wenn es ein DDR-Bürger beging. Wollte man das Bild, was Deutschland heute an dieser Stelle bietet, auf das Mittelalter übertragen, dann entspräche es etwa der Situation, dass eine »Hexe« in Sachsen und Brandenburg verbrannt worden wäre, die in Bayern und Baden-Württemberg für das gleiche Delikt belohnt und gefeiert würde.

Was die Frage der Handlungen betrifft, müssten auch die Hexen einen Sonderstatus beanspruchen können. Sicherlich war es im Mittelalter verboten, »mit dem Satan Unzucht zu treiben«, Seuchen zu erzeugen, die Geburt missgebildeter Kinder zu veranlassen oder was sonst man diesen armen Frauen vorgeworfen hat. Diesen Anklagen lagen eben keine Handlungen zugrunde, sondern – wie erwähnt – vermeintliche Handlungen. Zu denen wären diese Frauen nicht einmal dann in der Lage gewesen, wenn sie es gewollt und beabsichtigt hätten – was wir heute wissen, wusste mit tödlicher Sicherheit ein Teil der damaligen Richter ebenfalls.

Die nazistische, mörderische Wut auf die Juden wurde nach 1945 in Westdeutschland durch eine verbreitete Juden-Anhimmelei ersetzt, aber die Juden sollten sich darüber nicht freuen. Denn kann das etwas anderes sein als die andere Seite der Medaille, auf deren Vorderseite der Antisemitismus steht? Was bleibt den Juden anderes übrig, als im kapitalistischen Lebenskampf ihre Gönner zu enttäuschen? Das ist der Humus, auf dem irgendwann wieder der deutsche Selbsthass gedeihen könnte – mit bekannten Folgen. Er existierte schon lange dieser deutsche Zwiespalt, von dessen Amplituden Ludwig Börne seine Ahnung übermittelte: Was sein Judentum betraf, klagte er genervt: »Der eine lobt mich dafür, der andere tadelt mich dafür. Aber alle denken daran!«

Somit gilt es, nach den festgestellten gleichgearteten Emotionsschüben als erste wesentliche inhaltliche Gemeinsamkeit festzuhalten: Hexen, Juden und Stasi-IM sind keine Straftäter, ihnen wurden beziehungsweise werden keine Straftaten zur Last gelegt, zumindest nicht im gewöhnlichen Sinne.

Den Geheimdienst seines Vaterlands zu unterstützen ist nicht strafbar, und wenn – übrigens zu Recht – auf die enorme Ausweitung und -dehnung der Apparatur der Staatssicherheit in der DDR hingewiesen wird, dann ist das wahr, aber eben dem einzelnen inoffiziellen Mitarbeiter nicht vorzuwerfen. Dergleichen Fragen hat sein Führungsoffizier mit ihm nicht diskutiert. Natürlich wissen alle, dass eine endlose Verfolgung kein menschlicher Zustand ist, sondern ein teuflischer. Einwände gegen diese, dem Rechtsstaat Hohn sprechende Aktionen werden dennoch mit jenem Gestus vom Tisch gefegt, mit dem Lessing im »Nathan« den christlichen Patriarchen ausstattete: Wie eine Maschine antwortete der auf alle Bedenken: »Egal, der Jude wird verbrannt.«

Die Juden wurden im Dritten Reich nicht verfolgt, weil sie Straftäter gewesen wären, sondern weil sie auf der Welt waren. Was die Nazis ihre Weltanschauung nannten, erklärte den »Arier« zum Repräsentanten des Heldisch-Germanischen, zur allein kulturschöpfende Rasse, andere Völker konnten nach diesen Vorstellungen äußerstenfalls »kulturtragend« sein, dem Juden aber wurde die Rolle des Zerstörers angedichtet und die, das Gegen- und Antiprinzip zum Menschen schlechthin zu sein. Alles sei durch »rassische Urelemente« bestimmt. Die gesamte Argumentationskette beruht auf dogmatischen Voraussetzungen, die jeglicher Nachprüfbarkeit entzogen sind.

Wenn festgehalten werden muss, dass Hexen, Juden und Stasi-IMs von den Verfolgern nicht als gewöhnliche Straftäter verfolgt wurden, dann muss es hier einen anderen Antrieb geben. Und der heißt in allen Fällen Moral mit mindestens religiösem Beigeschmack. Oder Religion mit moralischem Beigeschmack. Die Verfolger, die Jäger fühlen sich moralisch inspiriert, das ist die zweite wesentliche Gemeinsamkeit dieser drei Verfolgungsphänomene. Das ist auch der Grund, weshalb die heutigen Verfolger die untersuchende oder auch nur prüfende Debatte verweigern, denn im moralisch-religiösen Bereich sind die letzten Dinge berührt, über die man nicht streiten kann oder will oder müsste. Erfüllt sind also die Merkmale der dogmatischen Voraussetzung.

Aber entsteht das von ungefähr? Nein, das hängt mit der dritten wesentlichen Gemeinsamkeit zusammen: Sowohl bei den Hexen als auch bei den Juden und den Stasi-IM sowieso findet etwas Größeres statt als das Bekämpfen von Abweichung von der gesellschaftlichen Norm. Es handelt sich in allen drei Fällen um das Zelebrieren des Kampfes Ur-Gut gegen Ur-Böse. An dieser Stelle gilt es, einem höheren Prinzip zum Sieg zu verhelfen. Und das ist es, was die Deutschen immer wieder nötig haben. Sie müssen kämpferisch auf der Seite der Guten und der Edlen stehen, koste es, was es wolle.

Im profanen juristischen Sinne liegt – wie gesehen – in allen drei betrachteten Fällen gegen diese Menschen nichts vor. Dass sie verfolgt werden müssen, ist eine Glaubensfrage. Die Verfolgungsgründe gegenüber den Hexen waren ein geistiges Abfallprodukt der Religion, ein blankes Hirnerzeugnis. Bezogen auf die Judenfeindschaft lässt

Friedrich Wolf in seinem Drama »Professor Mamlock« den Nazi-Arzt Hellpach ganz deutlich sagen: Es handle sich um Dinge, um die sich juristisch oder intellektuell nicht streiten lasse, weil hier das »Blut« spreche.

Dass ein IM in schändlichster Weise seine Freude, Kollegen und Verwandte bespitzelt haben soll, obwohl erwiesenermaßen die Mehrheit von ihnen damit überhaupt nicht befasst war, rettet ihn nicht. Sie dienten einem Staat, der keine Kriege vom Zaun brach und der eine glückliche Phase der deutschen Geschichte zeitlich abdeckte. Kein Staat der Welt war dem Zugriff feindlicher Geheimdienste in solchem Umfang ausgesetzt wie die DDR. Natürlich rechtfertigt das nicht alles und jeden Zug der Stasi. Aber der Staat, dem dieser Geheimdienst diente, war auf Gedeih und Verderb dazu gezwungen, sich zur Wehr zu setzen gegen Spionage, Sabotage, Abwerbung. Die DDR war Hauptbetätigungsbereich für den Bundesnachrichtendienst. Aus den seit 1972 über die DDR erschienenen Berichten von Amnesty International kann nicht auf einen »Unrechtsstaat« geschlossen werden, was auch die 1990 einsetzende juristische Aufarbeitung von DDR-Unrecht bestätigte. Und dennoch dieser Strudel. Mit dieser Verfolgung war Deutschland schon Jahrzehnte vor US-Präsident Trump im »postfaktischen Zeitalter« angekommen. Wenn das Recht nicht weiterbringt, hilft der Glaube über die Schwelle. Endlose Verfolgung funktioniert so nur, wenn sie sich gleichsam als Dienst an einer höheren Sache ausgeben kann.

An dieser Stelle wäre auch festzuhalten, dass es eben der Pfarrer Joachim Gauck und die Katechetin Marianne Birthler waren, die als Vorkämpfer des Verfolgungsprinzips und nicht des Versöhnungsprinzips antraten. Beide sind Erben der gnadenlosen Seite des Christentums. Damit stehen sie in einer Tradition. Und einmal mehr ist Otto von Bismarck gerechtfertigt mit seiner Grundhaltung, wonach Pfarrer in der Politik nichts zu suchen haben.

Die Hexen galten als Gehilfinnen des Teufels, die Juden als zerstörerische Urmacht, und ebenso ist der Endloskampf gegen die DDR-Staatssicherheit der Triumph des Guten, Idealen über die Verderbtheit schlechthin. Dafür gibt es ja Ämter, fragwürdige ideologische Behörden, die sich den »Folgen der kommunistischen Diktatur« befassen. Aber Ämter, die sich mit den katastrophalen Folgen der Demokratisierung befassen würden, gibt es nicht. Die aber würden tatsächlich gebraucht. Heute, dreißig Jahre nach der Wende, ist davon auszugehen, dass die damals begonnene Stasi-Verfolgung mehr Existenzen zerstört hat als die Stasi selbst. Man kann es getrost als Credo der deutschen Aufarbeitungsindustrie betrachten, dass sie die Grundwahrheiten nicht ans Licht bringen, sondern verdecken will: Menschliche Schlechtigkeit wurde durch die Wende nicht beendet oder auch nur verringert. Sie hat lediglich das Kostüm gewechselt.

Vierte Gemeinsamkeit: Da es in allen drei betrachteten Bereichen um moralisch verpackte Religiosität und nicht um Straftaten geht, musste der Staat in Deutschland eine eigens auf sie zugeschnittene Gesetzlichkeit schaffen, die eine spezifische Wehrlosmachung der Opfer garantiert. Für alle drei Gruppen entwickelte er ein Sonder-Recht. Das war bei den Hexen der Hexenhammer, die gebundene Vorschrift, wie Geständnisse aus den Frauen herauszufoltern seien. Jahrhundertelang war dieser »Hammer«

nach der Bibel das am erfolgreichsten vertriebene Buch in Deutschland, der »Hammer« war also ein Renner.

Die Juden hatten »ihre« Verordnung zum Schutz von Volk und Staat, »ihr« Gesetz zur Wiederherstellung des Berufsbeamtentums, »ihr« Gesetz zum Schutz des deutschen Blutes und der deutschen Ehre, bis hin zu »ihrer« Verordnung zum Reichsbürgergesetz, die sie endgültig der SS-Willkür auslieferte.

Die IMs der Staatssicherheit haben mit der speziellen Gesetzlichkeit im Umgang mit ihren Akten zu leben. Sind sie beschuldigt, geraten sie automatisch in eine Nachteilsituation, ihr Zugang zum Material ist deutlich schwerer als jener, den ihre Ankläger oder Journalisten haben. Ihre Jäger können sich beliebig bedienen, sie können Dinge aus dem Zusammenhang reißen, interpretieren und uminterpretieren wie sie wollen. Sie können den »Polizeistandpunkt der Akten« (Brecht) einnehmen oder verwerfen. Ihre Opfer sind der Willkür von Menschen ausgesetzt, die mit diesen Informationen ad libitum verfahren können.

Zum Repertoire in der IM-Behandlung gehört, eine Erörterung unter dem Blickwinkel des Rechtsstaats nicht zu führen. Was dieses Vorgehen gegen Andrej Holm mit Grundgesetz, Persönlichkeitsrechten, ethischen Standards zu tun hat, müsste doch die Frage sein. Würde ihr nachgegangen, wäre augenblicklich der Rechtsbruch erwiesen. Niemand darf in Deutschland an seinen Rechten gehindert werden, wenn er nicht ein überführter und abgeurteilter Straftäter ist. Insofern ist sie wichtig: die Deckung des Vorgangs durch Medien, die doch als Erste die juristische und moralische Berechtigung untersuchen müssten. Statt aber nach der rechtsstaatlichen Substanz zu fragen, überbieten sich Kommentatoren in gespielter, zumeist aber echt empfundener Abscheu. Das Unrechtsbewusstsein ist auf breiteste Schultern verteilt, die Auguren zwinkern einander zu. Wie seit 1949 in der Bundesrepublik immer mal wieder: Wo der Rechtsstaat herausgefordert ist und sich bewähren müsste, dort versagt er. Sich für Hexen einzusetzen, war seinerzeit lebensgefährlich, desgleichen, sich im Dritten Reich für Juden einzusetzen. Der deutsche Qualitätsjournalismus könnte der rechtsstaatlichen Substanz der MfS-Verfolgung nachspüren, ohne dass seine Vertreter dadurch in eine Gefahr geraten würden. Es würde sie nicht einmal etwas kosten. Und also ist die Verfolgung der Stasi-IM bei weitem nicht die schlimmste von den dreien. Aber die verächtlichste.

Wie wäre die Begründung einzuordnen, dass die Verfolgten ja ihre IM- oder MfS-Mitarbeit »verschwiegen« hätten? Zum einen: Wenn sie etwas verschwiegen haben, dann jedenfalls keine Straftat. Zum anderen ist die damals herrschende verzweifelte und Rette-sich-wer-kann-Situation einzukalkulieren, die Tatsache, dass es für viele keinen anderen Ausweg gegeben hat, um ihrer Familie die Existenz zu sichern. Und schließlich: Niemand kann in Deutschland gezwungen werden, sich selbst zu beschuldigen und einer existenziellen Nachteilslage auszuliefern.

Die spezifische Wehrlosmachung gehörte in allen drei Bereichen zum Geschäft. Die Hexen waren vom Moment der Beschuldigung an chancenlos, der bestialischen Apparatur, der sie unterworfen wurden, hatten sie nichts entgegenzusetzen. Juden waren in jedem Stadium ihrer Verfolgung chancenlos, die deutschen Beamten, die deutsche Justiz hatten ganze Vorarbeit geleistet. Und die IMs?

Ein Mensch, der als überführter IM eine Entschädigungsleistung zurückzahlen sollte, musste sich vor dem

Brandenburgischen Verfassungsgericht das Recht erstreiten, seine Sicht auf die Dinge dem Gericht wenigstens darlegen zu können. Zwei Gerichtspräsidenten waren bemüht, dem Gericht zu erklären, dass diese Verweigerung des Grundrechtes auf Verteidigung doch rechtmäßig sei und man damit nur die rechtlichen Vorgaben erfülle. Wenn das nicht gesetzliche Wehrlosmachung ist, was dann? Vierundzwanzig Jahre nach der Wende musste ein Gericht feststellen, dass dies verfassungswidrig ist.

Fünfte Gemeinsamkeit: Alle drei genannten Gruppen wurden beziehungsweise werden eifrig, um nicht zu sagen lustvoll verfolgt, obwohl sie im Ernst für die herrschende Macht keinerlei Bedrohung darstellten beziehungsweise darstellen. Die Hexen waren keine Bedrohung für die Kirchenallmacht, die Juden bildeten keine Gefahr für die Hitlerherrschaft – und was den DDR-Geheimdienst mit seinen V-Leuten betraf? Den Staat DDR zu schützen war seine Aufgabe. Noch nie hat jemand nachgewiesen, dass er sich der Wende in den Weg gestellt hätte, als sie tatsächlich begann. Dass sich seine Mitarbeiter schützen wollten, muss man ihnen zugestehen.

Die vielleicht wichtigsten Gemeinsamkeiten liegen auf dem Feld des Funktionalen, das heißt, sie treten bei der Untersuchung zutage, welche Funktion die Verfolgung für die Gesellschaft erfüllt. Und hier wäre als sechste Übereinstimmung festzuhalten: Alle drei betrachteten Vorgänge sind ihrem Wesen nach Reinigungsaktionen, Reinigungsaktionen im nationalen Maßstab. Es geht um die Säuberung der Gesellschaft von einem Grind. Dass der Hexenbann vorwiegend Frauen (wenn auch nicht ausschließlich) traf, ist in der Vorstellung begründet, ihre Herkunft aus Adams Rippe mache sie zu einem minderbegnadeten, ohnehin in Unreinheit dahintreibenden Wesen. Erst galt es, Deutschland von Hexen zu reinigen, dann von Juden. Im Kabarett Anfang der dreißiger Jahre ertönte es noch: »An allem ist der Jude schuld«. Zu diesem Zeitpunkt war dies ein Couplet und noch ironisch gemeint. Heute unfassbar, aber die Täter wähnten sich beim Betreiben von Auschwitz moralisch im Recht. Der »Kniff« bestand darin, Menschenantlitz als Tarnung für Ungeziefer zu begreifen, dessen Vernichtung als Aufgabe schwer, aber absolut notwendig ist.

Die Spezifik der Reinigung ist auch im Falle der Staatssicherheit evident, allerdings gleichsam als Ersatzhandlung. Vordergründig soll es ja um Genugtuung für ostdeutsche Opfer der Staatssicherheit gehen, es ist also seiner äußeren Gestalt nach ein sich niemals erschöpfender Rache-Impuls, der mit den Gefühlen Ostdeutscher begründet wird.

Rache ist laut dem Wörterbuch der Brüder Grimm die Ausprägung »unedler Züge bei der Verfolgung eines tatsächlichen oder vermeintlichen Unrechts« und dürfte in Deutschland keine Rechtsquelle sein.

»Sie können nicht aufhören zu siegen«, erklärte Gregor Gysi einmal vom handelnden Personenkreis.

In der Tat ist dies aber nur äußerlich, denn wenn der Vorgang keine westdeutsche Funktion hätte, wenn er keine Basis in der westdeutschen politischen Dominante hätte, würde er nicht stattfinden können. Zumindest nicht endlos. Hier ist also ein spezifisch westdeutsches Interesse berührt, und das ist in der Tat wieder die Reinigung. Die westdeutsche Gesellschaft hat mit diesen Stasi-IMs die große Chance der Reinigung. Sie reinigt sich so vor Gott und der Welt von der Schuld, die Abrechnung mit den Nazi-Tätern zielbewusst hintertrieben zu haben. Jeder im politischen und publizistischen Bereich Tätige weiß um diese Schande, die die westdeutsche Demokratie – und nicht die ostdeutsche Diktatur – über das deutsche Volk gebracht hat, als sie nach 1945 die uferlosen Verbrechen der Nazizeit mit dem nachträglichen Schutz der Täter noch ergänzt und erweitert hat. An dieser Stelle besteht ein äußerst dringendes Reinigungsbedürfnis. Und am IM der Stasi kann es exekutiert werden. Zu lange musste Westdeutschland darauf warten, sich als gereinigt und damit erhöht präsentieren zu können. Was diese Gesellschaft zielbewusst und in vollem Einverständnis mit sich selbst an den Nazi-Tätern unterlassen hatte, dass exekutierte sie nach 1990 am DDR-Geheimdienst und seinen Helfern. Auf diese Weise büßen IMs der Staatssicherheit für Auschwitz, so absurd das klingt. Hier büßt der Eierdieb, was am Massenmörder bewusst versäumt worden ist. Dieses befreiende Gefühl ist so übermächtig, so herrlich, so berauschend für die westdeutsche Gesellschaft, dass sie nicht davon lassen kann, wie der Säufer nicht vom Schnaps. Und auch für ostdeutsche Neubekehrte besitzt der Vorgang einen unvergleichlichen Wert: Er gibt die unbezahlbare Möglichkeit, sich abzusetzen und damit gereinigt den ersten Schritt zur neuen Taufe zu gehen.

Die siebte Gemeinsamkeit ist ebenfalls eine funktionale – es ist die Disziplinierung. Wie gesehen: Alle drei Gruppen griffen oder greifen die herrschende Macht zwar nicht an, somit ist der gewaltsame Zugriff ihnen gegenüber seinem Wesen nach unvernünftig. Doch soll man von der

Vernunft nun einmal nicht alles erwarten, um nicht zu sagen – nicht einmal besonders viel. Denn nicht der Vernunftgedanke, sondern das Bedürfnis nach Sündenbock ist primär, und wenn dieser Hammel im alten Israel in die Wüste gejagt wurde, dann war er an den Missständen auch nicht schuldiger als andere Lämmer.

Die Kirche hatte bis ins 15. Jahrhundert hinein den Hexenglauben als heidnischen Unfug behandelt, sie ging offensiv dagegen vor und stellte sich jahrhundertelang durchaus schützend vor Beschuldigte. Zum Mittel der Hexenverfolgung griff sie, als sie selbst in die Krise geriet, als neue Gedanken, Weltsichten, Erkenntnisse den Klerus in Erklärungsnot, dann in die Enge trieben und seine Macht immer stärker bedrohten. Mit der Hexenverfolgung demonstrierte er der Gesellschaft die Möglichkeit der Abrechnung, zu der er gegenüber Abweichlingen bereit sein würde. Im Namen des milden Jesus wurden so flächendeckend Angst und Wahn erzeugt. Und dieser Wahn produzierte Bilder, die lebendig wurden und neue Opfer hervorbrachten. Die einzige Chance, sicher der Hexenverfolgung zu entgehen, bestand in der Benennung und Anzeige von Hexen. Auch im Dritten Reich, wo eine Geburtsurkunde über Leben und Tod entschied, wo »Verrückte« vergast wurden, bevor das an den Juden im industriellen Maßstab vollzogen wurde und Hermann Göring erklären konnte, »Wer Jude ist, bestimme ich«, auch dort diente dies gleichzeitig als Warnung an die Gesellschaft, einzubeziehen, was im Arsenal der Mittel alles vorrätig war und wozu man imstande sein würde.

Dass ein Stasi-IM, ohne im strafrechtlichen Sinne schuldig zu sein, allein aus moralischen Erwägungen gedemütigt wird und Rechte verliert, die einem Straftäter zustehen würden, geht als Signal an die heutige deutsche Gesellschaft: »Wir können auch anders.« Was immer man den Inoffiziellen Mitarbeitern oder den DDR-Funktionären vorwerfen kann, an der nach 1990 einziehenden Massenarbeitslosigkeit, an Perspektivlosigkeit, moralischer Verwahrlosung, Gebärstreik, dem Wegzug der Jugend, der explodierenden Kriminalität, der Vervierfachung der Totenzahl im Straßenverkehr oder anderen Begleiterscheinungen der Demokratisierung in Ostdeutschland trugen sie keine Schuld. Aber seit wann wird ein Sündenbock denn nach seiner Meinung gefragt?

Sowohl die Hexen- als auch die Juden- und ebenso die IM-Verfolgung haben ferner den unvergleichlichen Vorteil der Ablenkung, das heißt, wer damit befasst ist, hat sein Damaskus gefunden, der kümmert sich weniger um sonstige, um eigentliche gesellschaftliche Fragestellungen oder Defizite. Mit den Verfolgungen ist eine Scheinlösung angeboten, weil sie nicht in Wirklichkeit stattfindet, aber im Gemüt der Verfolger.

Bestandteil des funktionalen Aspekts ist auch der sozusagen »positive« Anreiz, der die achte Gemeinsamkeit dieser drei Verfolgungsphänomene darstellt. In allen drei Fällen existiert der finanzielle Antrieb: Die Verfolgung lohnte und lohnt sich schlicht und einfach für die Verfolger. Moral und Religion hin oder her, es gab auch materielle Vergütungen, die Verfolgung erwies sich als einträgliches Geschäft. Wer Hexen verriet, wer sie anzeigte, der erhielt nach der Aburteilung zumindest einen Teil ihres zugunsten der Kirche und des Staates eingezogenen Vermögens. Im Falle der Juden bot die im Zuge der Verfolgung stattfindende Enteignung den Nazis und ihrem Anhang die

Möglichkeit, sich mit Häusern und Wertgegenständen zu versorgen und Läden und Betriebe zu übernehmen. So entstand die breite deutsche Schuldgemeinschaft, die sich blindwütig gegen alles verteidigen würde, was sie vor die Tribunale bringen könnte. Und die Stasi-IMs? Die machten nach ihrer Enttarnung vor allem jede Menge gut bezahlte Jobs frei, die es danach zu besetzen galt, so dass auch hier das Nützliche mit dem Angenehmen verbunden werden konnte.

Neuntens: Gnade, Barmherzigkeit, Großzügigkeit, der Verjährungsgedanke, die Annahme, dass Zeit Wunden heile, sind in allen drei Verfolgungsphänomenen völlig ausgeschlossen. Sofern nicht eine Begrenzung von außen erfolgt, hält diese Verfolgung an von Ewigkeit zu Ewigkeit. Die Hexen konnten keine Gnade erwarten beziehungsweise die mittelalterliche Vorstellung ging so weit, die ihnen zugedachte Verbrennung als Reinigung, das heißt als Gnadenerweis zu deuten. Juden entgingen zur Nazizeit praktisch nie ihrem »Schicksal«, das galt sogar – wie die Geschichte von »Schindlers Liste« eindrucksvoll beweist –, wenn den Nazis partiell kriegswirtschaftliche Nachteile daraus erwuchsen. Ein paar Tausend dem schwedischen Roten Kreuz zum Kriegsende hin gegen Bezahlung übergebene Juden können nicht das Gewicht eines Gegenbeweises haben. Und natürlich ist es kein Widerspruch für die heutigen Rechtgläubigen in Deutschland, Nelson Mandelas Kurs der Versöhnung, seine Versöhnungskommissionen, seine Versöhnungspolitik (nach immerhin Hunderttausenden Todesopfern) hemmungslos zu begrüßen und zu bewundern und gewissermaßen im gleichen Atemzug jeden Versöhnungsgedanken gegenüber den IMs der Staatssicherheit völlig und mit dem besten Gewissen auszuschließen.

Anfang 2018 wurde die diskriminierende Überprüfungspraxis für Ostdeutsche im öffentlichen Dienst, die 2019 endgültig auslaufen sollte, nun schlussendlich »entfristet«, das heißt, auf die Ewigkeit ausgedehnt. Nicht einmal nach diesem dreißigjährigen Krieg sollen Ruhe und Rechtsfrieden einkehren. Her mit dem hundertjährigen Krieg.

Zehn Plagen ließ der Herr laut dem Alten Testament über Ägypten hereinbrechen, und die zehnte erwiesene Gemeinsamkeit liegt in der internationalen Ausstrahlungskraft Deutschlands bei diesen Themen. Hexen- und Judenverfolgung sind hierzulande nicht erfunden worden, aber das Land erwies sich als Relaisstation und Impulsgeber kontinentalen Ausmaßes. Katholiken und Protestanten unterschieden sich in dieser Frage nicht, in der Hexen- wie auch der Judenfeindschaft lag ein gleichsam ökumenischer Ansatz. Der Hexenwahn trat von hier aus seinen Siegeszug in mehrere Richtungen an. Mit den Lutheranern gelangte er nach Dänemark und Schweden, mit den Calvinisten nach Schottland, mit den Jesuiten nach Polen. Die anfänglichen Siege der deutschen Wehrmacht – was sonst? – boten den Nazis die Grundlage für den Zugriff auf die Juden im größten Teil Europas, die Waffen der Wehrmacht sicherten diese Massenermordung gleichsam ab. Konnte es einen ihrer Angehörigen geben, der sich dessen nicht bewusst war? Allein und ausschließlich auf diesem Wege gerieten Europas Juden in den Machtbereich der Hitlerfaschisten. Mit dem Antisemitismus war auch – wir sind immer noch im funktionalen Bereich –

eine wichtige Grundlage der Besatzungspolitik gelegt, der Pöbel in allen besetzten Staaten war auf diese Weise schon mal gewonnen.

Bislang ist es noch nicht unmittelbar gelungen, den Stasi-Hype anderen Ländern anzudienen, wohlweislich sind alle einstigen sozialistischen »Bruderländer« auf diesem Feld andere Wege gegangen. Sehr zum Bedauern der deutschen Aufarbeitungsindustrie. Doch einen Hoffnungsschimmer gibt es für ihre satt mit Steuergeld ausgestatteten Vertreter: Die neurotische Clique, die neuerdings in Warschau regiert, gibt Anlass zur Hoffnung, hier an den deutschen Zuständen Maß nehmen zu wollen. So dass schon einmal auch für Polen nicht der Versöhnungskurs Nelson Mandelas, sondern der ewige Abrechnungsgestus eines Hubertus Knabe als deutscher Exportartikel gelten kann.

Verleumde nur kühn, etwas bleibt immer hängen.

Plutarch

*Die sogenannte historische Entwicklung
beruht überhaupt darauf, dass die letzte Form
die vergangenen Stufen zu sich selbst betrachtet
und, da sie nur selten oder unter ganz bestimmten
Bedingungen fähig ist, sich selbst zu kritisieren,
sie immer einseitig auffasst.*

Karl Marx

Zeitgeschichte als Problemfall

Die zeitgenössische DDR-Aufarbeitung erfüllt die Kriterien der Propaganda

Seit drei Jahrzehnten muss sich der Ostdeutsche anhören, dass er bis 1990 einem »Unrechtsstaat« gedient hat. Eine tief gestaffelte Aufarbeitungsindustrie, gestützt und angetrieben durch die überwältigende Mehrheit von Deutschlands Medien, zeichnet eifrig, sorgfältig und unbeirrt an diesem unsinnigen Bild. Dieser Unsinn aber hat Methode, und diese Methode ist auch aufzudecken. Es reicht nicht, sich lediglich darüber zu empören, es gilt, freizulegen, was unter dem Label »Aufarbeitung« eigentlich passiert.

Beim beinahe verzweifelten Versuch, der DDR das Unrechtsstaats-Etikett überzuhelfen, ist vor allem interessant, dass die DDR, ausschließlich sie, mit diesem Verdikt belegt wird. Warum nicht China, das unsere Kanzlerin so gern bereist? Warum die Sowjetunion, warum nicht die Volksrepublik Polen, die nach dem Krieg einen Bürgerkrieg mit rund 60 000 Toten zu beklagen hatte und die ebenfalls in Moskau dem Bau der Berliner Mauer ihre Zustimmung gab? Fiel dieser Begriff je für das Chile Pinochets, das Apartheidregime Südafrikas? Nein, allein die DDR war der »Unrechtsstaat«. Der bereits zitierte Rechtsanwalt Friedrich Wolff sagte: »Zum Thema Unrechtsstaat ging es von Anfang an seitens der politischen Kreise der BRD darum, das SED-Regime zu delegitimieren.« Der Vergleich von DDR- und NS-Diktatur, die geforderte Aufarbeitung von Auschwitz und Bautzen, habe bei den Bundesbürgern zu dem Urteil geführt, es handele sich hier nicht um politische Justiz, sondern um eine juristische Reaktion analog zu den Nürnberger Kriegsverbrecherprozessen, der sich der Rechtsstaat nicht entziehen könne.

Angesichts des Zustands der DDR-Erforschung schrieb der Direktor des Potsdamer Zeithistorischen Zentrums (ZZF), Professor Martin Sabrow, als wissenschaftliche Disziplin sei Zeitgeschichte keine moralische Anstalt. »Sie dient weder der volkspädagogischen Belehrung noch der geschichtspolitischen Genugtuung, sondern der historischen Erkenntnisgewinnung.« Angesichts dessen, was an dieser Stelle tatsächlich geschehe, »droht die DDR-Geschichte zu einem Problemfall des Faches zu werden«.

Rückblicke auf die DDR gab es seit der Wende regelmäßig und in kurzen Abständen, doch haben sie sich in Gehalt und Charakter stufenweise geändert.

Den Startschuss hat 1991 Bundesjustizminister Klaus Kinkel gegeben: »Ich baue auf die deutsche Justiz. Es muss gelingen, das SED-System zu delegitimieren, das bis zum bitteren Ende seine Rechtfertigung aus antifaschistischer Gesinnung, angeblich höheren Werten und behaupteter absoluter Humanität hergeleitet hat, während es unter dem Deckmantel des Marxismus-Leninismus einen Staat aufbaute, der in weiten Bereichen genauso unmenschlich und schrecklich war wie das faschistische Deutschland, das man bekämpfte und – zu Recht – nie mehr wieder erstehen lassen wollte.« Der Bürgerrechtler Jürgen Fuchs reichte den keinesfalls relativierend gemeinten Begriff vom »Auschwitz der Seelen« nach. Die Saat war gelegt und sprießte. Zu wuchern begann sie in einer zweiten Phase, die mit dem Einzug von DDR-Bürgerrechtlern in Westparteien und mit dem Einzug dieser Parteien in Ostdeutschland begann und davon geprägt war, dass DDR und NS-Staat immer stärker in einem Atemzug miteinander genannt wurden. Doch noch hieß es ein paar Jahre lang, dass beide Diktaturen »nicht miteinander vergleichbar« seien. (Wenn Westdeutsche von »vergleichen« reden, dann meinen sie eigentlich immer »gleichsetzen«.) Es folgte die dritte Phase, jene, in der wir uns heute befinden. Die Mehrzahl der Publikationen ist von der Annahme bestimmt, dass eigentlich kein Unterschied zwischen den »beiden Diktaturen«, den beiden »Unrechtsstaaten« DDR und Hitlerdeutschland, mehr auszumachen sei. Diese Staatsgebilde kommen nun als Zwillingsgestirne daher. Da das, was man DDR-Unrecht nennt – die juristische Aufarbeitung der DDR-Zeit bis zum Jahr 2000 fand da nicht viel – in den Medien heute eine viel größere Gewichtung erfährt, läuft das Verfahren auf Stufe vier hinaus, in der uns das offizielle Deutschland mit hoher Wahrscheinlichkeit erklären wird, dass die DDR ja eigentlich und in Wahrheit viel schlimmer war als der Nazi-Staat. Die DDR stellt sich als ein Monster heraus, dessen Abscheulichkeit um so größer wird, je weiter ihr Ende zurückliegt.

Zwölf Thesen zu Stand und Gehalt der DDR-Aufarbeitung

1. Weil das heute in der Öffentlichkeit gezeichnete Bild von der DDR allein die Annahme duldet, dass sie keinerlei Werte verkörpert hat, nichts von Wert anstrebte und schon gar nichts von Wert schuf, ist es falsch oder zumindest einseitig. Historische und beweisbare Tatsache ist vielmehr, dass dieser Staat sich wertvollste Dinge vornahm und – auf bestimmten Feldern – dabei erstaunlich weit gekommen ist.

2. Die DDR hatte zweifellos gewaltige Nachteile, aber diese Nachteile ergaben sich vielfach aus ihren Vorzügen. Und das galt auch umgekehrt. Diese Zwiespältigkeit bestimmte schon zu ihren Lebzeiten die Haltung der DDR-Bürger zu ihrem Staat und tut dies auch im Rückblick. Vieles in diesem Staat hat wirklich und auch sehr gut funktioniert. Die DDR gab sich immer als materialistisch gestimmtes Gemeinwesen aus – tatsächlich war sie aber ein Staat, der in heute kaum vorstellbarem Maße idealistisch war und an den Idealismus appellierte.

3. Gehasst wurde und wird die DDR heute wie damals weniger für ihre problematischen oder auch »verbrecherischen« Züge. Gehasst wird die DDR vor allem für die Dinge, mit denen sie Recht hatte und in denen sie mitunter

sogar Vorbild war. Denn sie hat der West-Gesellschaft in wichtigen Fragen den Spiegel vorgehalten. Die Erleichterung darüber, dass dieser Spiegel nun blind geworden ist, und die Skrupellosigkeit, mit der Ungerechtigkeit und Zynismus im heutigen Deutschland Konjunktur haben, sind ebenfalls nicht voneinander zu trennen.

4. Beim geschichtlichen Rückblick deutscher Medien und Politiker werden konsequent die für diesen DDR-Staat ungünstigsten Erscheinungen gewählt. Andere bleiben ausgeblendet, und vor allem wird niemals beleuchtet, welche dieser trüben Erscheinungen vom Westen erst provoziert worden sind. Was in Deutschland unter dem Label »Aufarbeitung« abläuft, erfüllt nicht die Kriterien von Aufarbeitung, sondern die der Propaganda. In diesem Fall also der Geschichtspropaganda.

5. Überwältigend ist heute eine merkwürdige, ahistorische Statik in der geschichtlichen Wahrnehmung. Während es sich von selbst versteht, dass die Bundesrepublik der fünfziger Jahre nicht die der achtziger Jahre war, wird standhaft ignoriert, dass auch in der DDR die Dinge im Fluss waren. Dass sich die führende Partei vielfach korrigierte, neue Wege beschritt, fällt so konsequent unter den Tisch wie eine zeitlich differenzierende Betrachtung des Alltagslebens seiner Bürger. Der Einfachheit halber werden unsachgemäß DDR-Merkmale der Frühzeit für die späteren Jahre geltend gemacht.

6. Es unterbleibt – wiederum der Einfachheit halber – die gebotene Trennung zwischen parteiamtlichen Äußerungen der DDR-Politik und der DDR-Wirklichkeit selbst. Der DDR-Staat war aber niemals der Monolith, der er vielleicht nach dem Willen seiner Herrschenden hätte sein sollen.

7. Der heutige Umgang mit der verblichenen DDR
hat wenig mit vergangenen, sondern vielmehr mit gegenwärtigen politischen Fragen zu tun. (Wer sich mit der
Vergangenheit beschäftigt, der beschäftigt sich mit der
Gegenwart, ob er will oder nicht.) Angesichts der zunehmenden Unfähigkeit der heutigen Eliten, gesellschaftliche
Probleme zu lösen, drängt sich dabei der Verdacht auf, dass
jegliches Denken in und das Erforschen von Alternativen
unterbunden werden soll. Und für das Aufspüren von
solchen Alternativen ist die DDR ein reicher Fundus.
Die Ausschließlichkeit, mit der die negative Sicht auf die
DDR Triumphe feiert, spiegelt Unsicherheit und Schuld-
bewusstsein heutiger Politiker und Publizisten wider.

8. Weil auf der Hand liegt, dass die alles beherrschende
einseitige Sicht auf die DDR unhistorisch und unange-
messen ist, und weil es geradezu kinderleicht ist, sie zu wi-
derlegen, wird eine Abscheu vor jeder Form von Sachlich-
keit produziert, die schon fanatische Züge trägt. Ein auf
wundersame Weise dressierter Mainstream-Journalismus
verordnete sich in diesem Punkt Selbst-Gleichschaltung
und sorgt dafür, dass niemand öffentlich die »falschen
Fragen« stellen kann.

9. Diejenigen, welche heute diesen DDR-Staat auf Unrecht und Verbrechen zusammenstreichen, sind dieselben,
die dem westlichen System jedes Verbrechen bereitwillig
nachsehen.

Es sind weiterhin dieselben Leute, die jeden emanzipa-
torischen Gewinn zu DDR-Zeiten leugnen und – wo sie
ihn beim besten oder vielmehr schlechtesten Willen nicht
abstreiten können – einfach verschweigen, während sie für
gesellschaftliche Verwerfungen, für Verödung, Trostlosig-
keit und gesellschaftliche Spaltung in weiten Ost-Regio-

nen seit der Wende eine Begründung und Rechtfertigung nach der anderen erfinden.

10. Die irrationalen Hassgesänge auf die ins Grab gesunkene DDR, wie sie noch Jahrzehnte nach ihrem Ende von den Medien immer lauter angestimmt werden, und die seelische Verarmung und Verelendung im Osten Deutschlands, die Zunahme von Ungerechtigkeit und Zukunftsangst gehören zusammen.

11. Je mehr sich Deutschland heute bei der DDR bedient, je mehr Elemente ihrer Wesenszüge und Merkmale erneut eingeführt werden und das Leben bestimmen, um so stärker soll der Ort ihrer die Herkunft gehasst werden. Die Quellen dieses Paradoxons gilt es offenzulegen.

12. Zu warnen ist vor einer Wertschätzung von Nostalgie oder Ostalgie, das heißt die Rückbesinnung in ihrer heute mehr oder weniger zugelassenen Form. Das ist nun ganz bestimmt nicht gemeint und muss – im Gegenteil – als alberne Zwecklüge entlarvt werden, als Mittel, positive Erinnerungen in eine dumme und diffuse Sehnsucht zu verwandeln, die letztlich irgendwo strandet.

Es klingt zunächst banal: Die DDR war weder Leuchtturm und »Wendepunkt in der Geschichte Europas«, als welche sie ihre Psalmensänger hinstellen wollten, noch der Hort des Bösen und der Finsternis, als den ihre Gegner sie darzustellen belieben.

Umfragen belegen es recht stabil: Nur eine Minderheit wünscht sich im engeren Sinne »die DDR zurück«. Der weitaus größere Teil tut das mit guten Gründen nicht – doch fällt den einstigen DDR-Bürgern auf, was den meisten von ihnen zu Wendezeiten nicht im Traum in den Sinn gekommen wäre: Dass solche geschichtlichen

Wendepunkte einen Preis haben, der auch zu zahlen ist. Von dem Einen mehr, von dem Anderen weniger. Diese Menschen ahnten vor dreißig Jahren kaum, dass neue Vorteile nur um den Preis zu haben sind, dass alte Vorteile verschwinden. Genauso wie schmerzhaft erfahren wurde, dass die Beseitigung alter Nachteile das Auftauchen neuer Nachteile mit sich bringt.

Wenn es aber wirklich nichts anderes als Mauer, Stacheldraht und Schießbefehl waren, die diesen Staat bestimmt hatten, warum waren dann zwanzig Jahre nach der Wende zwei Drittel der Ostdeutschen der Ansicht, dass der Sozialismus im Grunde eine anzustrebende Gesellschaftsordnung ist? Sind sie kollektiv verrückt geworden, sie, die doch 1989 so vernünftig waren? Oder sollte man das tun, was seit nahezu dreißig Jahren unterbleibt? Sollte man diese Menschen endlich einmal fragen, was sie damit meinen?

Die Deutschen als politische Nation – unmöglich!
Thomas Mann

Uns sollte bewusst sein, unseren Nachbarn ist bewusst,
wie viel Leid dieser deutsche Einheitsstaat verursacht,
welch Ausmaß an Unglück er anderen und uns gebracht hat.
Günter Grass

Wenn am 13. August 1961 die Wende stattgefunden hätte

Die Frage, was wäre wenn, ist in der Geschichtsbetrachtung ein so unzulässiges wie beliebtes Gedankenspiel. Geben wir uns ihm zur gebotenen Stunde einmal hin: Was wäre gewesen, wenn am 13. August 1961 nicht die Berliner Mauer gebaut, sondern eine politische Wende eingeleitet worden wäre, wie sie dann 1989 stattfand? Was hätte sich daraus für den DDR-Bürger ergeben?

Natürlich hätte er endlich Westwaren kaufen können, irgendwann Westgeld verdient, und die Reisefreiheit hätte er auch besessen. Vorausgesetzt natürlich, er hätte sie sich leisten können.

Denn die zuvor unbekannte Arbeitslosigkeit hätte an dieser Stelle einen Strich durch die schöne Rechnung gemacht, sie hätte Familien zerrissen, Kollegen verfeindet, die Jugend in die Flucht getrieben. Die Ostdeutschen hätten sich in der Konkurrenz zu den Gastarbeitern wiedergefunden, die in jenen Jahren die Bundesrepublik ins Land holte. Die Wende 1961 hätte eben all das bewirkt, was dann nach 1989 tatsächlich einsetzte. Die ostdeutsche Sozialstruktur hätte Schläge erlitten, von denen sie sich auch Jahrzehnte später nicht erholte hätte. Diese Hölle für den Großteil der Ostdeutschen wäre – wie dann tatsächlich achtundzwanzig Jahre später – von der westdeutschen Mehrheitsgesellschaft und ihren Medienstimmen mit einem Achselzucken abgetan worden: Strukturwandel. Wir alle müssen Opfer bringen.

Der nunmehr arbeitslose Ostdeutsche hätte seine Kinder dann im wohligen Gefühl zu Schule schicken können, dass dort endlich wieder auf sie eingeprügelt werden durfte. Bis »die Blase platzt und das Blut spritzt« (»Der Spiegel«). Denn vollständig war die Prügelstrafe an den Schulen der BRD erst 1980 beseitigt. Auch wäre wieder die bewährte Trennung in Jungen- und Mädchenklassen in der Schule vorgenommen worden, denn solche Regelungen galten zu dieser Zeit in der westdeutschen Demokratie. Was das Prügelverbot an der DDR-Schule betraf, 1947 von der Sowjetischen Besatzungsmacht angeordnet – ergo: »Dekrete des Unrechtsstaats«.

Alle Regelungen zugunsten von Kindern aus bildungsfernen Elternhäusern, mit denen die DDR jenen den Zugang zur höherer Bildung erleichtern wollte, die im Klassenstaat ausgeschlossen waren, wären umgehend zu Fall gebracht worden. Die privilegierten Schichten hätten auch schon 1961 ihre angestammten Vorrechte durchsetzen können. Lehrer wären wieder Beamte geworden mit all ihren schönen Privilegien. Natürlich wäre eine der ersten Maßnahmen gewesen, die von der DDR verfügte Trennung von Kirche und Staat auch an den Schulen rückgängig zu machen. Ein diesbezügliches deutsches Vorbild lag noch nicht allzulange zurück. 1933 ordnete Adolf Hitler an, auch an solchen Schulen den Religionsunterricht wieder einzuführen, wo er in den Jahren der Weimarer Republik abgeschafft worden war. Damit bedankte er sich bei den großen Kirchen für die Unterstützung während der »Machtergreifung« und den ersten schweren Monaten danach. Unter Freunden ist man sich halt gefällig. Und dem Volke muss die Religion erhalten bleiben.

In der Schule entfiele Pflichtlektüre wie »Nackt unter Wölfen«, »Das siebte Kreuz« oder »Ein Menschenschicksal«. Die großartige Stimmung des »Wir sind wieder wer« würde auch den Nachgeborenen in Ostdeutschland nicht mit Fragen nach deutscher Schuld und historischer Wahrheit getrübt.

Allgemeines Schulessen, kostenlose Ferienspiele, praktisch kostenlose Betriebsferienlager hätten über Nacht der düsteren Vergangenheit angehört. Denn wo keine Betriebe, da keine Betriebsferienlager.

Ja, in den Schulferien hätte der Ostdeutsche dann sehen können, wohin mit seinen Kindern. Aber dieses Problem hätte sich schleunigst und geradezu vorbildlich gelöst, gleichsam von selbst. Denn – wie dann 1989 tatsächlich – die einziehende Massenarbeitslosigkeit hätte in erster Linie die ostdeutsche Frau getroffen. Sie wäre millionenfach dorthin zurückgekehrt, wo ihre westdeutschen Schwester zu dieser Zeit immer noch stand: an den Herd. Und wenn sie da schon mal steht, kann sie ihren Kindern ja auch das Mittagessen kochen. Diese Kinder hätten nicht die bösartige Hymne »Wenn Mutti früh zur Arbeit geht« auf den Lippen gehabt, das wäre ein Anachronismus gewesen. Die

Ex-DDR-Frau hätte bei dieser politischen Entwicklung ihre Persönlichkeitsrechte verloren, sie wäre als Puttchen und Dummchen dem Mann untertan und unterworfen worden – ganz so wie die westdeutsche Demokratie es 1961 von ihr gesetzlich verlangte. Nun hätte auch die ostdeutsche Frau ihr Geld ihrem Ehemann ausliefern müssen, und von nun an hätte sie nur mit seiner Erlaubnis einer beruflichen Tätigkeit nachgehen können. Als Bestandteil der heiligsten Güter wäre die gesetzliche Diskriminierung von unehelichen Kindern im Erbrecht auch im Osten Deutschlands wieder zu Ehren gekommen. An diesen besonderen Schatz westdeutschen Moralverständnisses sollte man an dieser Stelle erinnern.

Wenn 1961 die Wende gekommen wäre, hätte der Ostdeutsche seinem Sohn, seiner Tochter ein Studium finanzieren können – frei von Numerus-Clausus-Beschränkungen und somit frei von Diktatur-Instrumentarien wie Studienplatzlenkung und Arbeitsplatzgarantie für den nunmehrigen Akademiker. Wäre der Ostdeutsche dazu finanziell nicht in der Lage gewesen, hätte der Student zwar nicht – wie in der DDR seit 1953 – von seinem Stipendium leben, aber sich durch Nebenjobs finanzieren können. Wäre auf diese Weise aus ihm ein Langzeitstudierender geworden, hätte er nur bis 1971 durchhalten müssen, von da an hätte er »Bafög« beantragen dürfen.

Homosexualität hätte wieder als Straftat gegolten und man hätte sie – im Unterschied zur DDR seit 1957 – nun wieder polizeilich und gerichtlich verfolgt.

Es wäre mithin alles zurückgekehrt was in der Bundesrepublik Deutschland 1961 gang und gebe war. Der Rechtsstaat hätte auf der ganzen Linie triumphiert. Die Wende wäre beispielsweise gerade noch rechtzeitig gekommen, um das Gebiet der DDR mit Contergan zu fluten. Denn das Verbot dieses Präparats, wie der Zentrale Arzneimittelausschuss der DDR es verhängt hatte, wäre aufgehoben worden wie alle anderen Dekrete des Unrechtsstaates selbstverständlich auch. Die westdeutsche Pharmaindustrie hätte schließlich ein Anrecht auf ihr Stück vom ostdeutschen Kuchen gehabt.

Was hätte sich fürderhin ereignet, wenn 1961 die Wende eingeleitet worden wäre?

Auch in Ostdeutschland hätten von diesem Zeitpunkt an westdeutsche Nazi-Richter Recht gesprochen und mit ihren Gegnern abrechnen können. Die KZ-Gedenkstätten der DDR wären höchstwahrscheinlich geschlossen und abgerissen worden, denn die westdeutsche Demokratie hatte in jenen Jahren mit den Pensionszahlungen für Hitlers willige Vollstrecker, für Nazi- und Kriegsverbrecher genug zu finanzieren und konnte nicht auch noch Geld erübrigen für das Gedenken an irgendwelche ermordeten Antifaschisten. Oder vielleicht noch für die Entschädigung von irgendwelchen dahergelaufenen Zwangsarbeitern. Es waren schließlich keine leichten Zeiten und man musste Schwerpunkte setzen.

Die ostdeutsche politische Landschaft wäre endlich durch SS-Traditionsverbände und Revanchistenclubs bereichert worden, denn die Bestimmung der DDR-Verfassung, welche Faschismus in jeder Form verbot und unter Strafe stellte, hätte ihre Gültigkeit verloren (Unrechtsstaats-Dekret, man kann die Wahrheit nicht oft genug sagen). Ein Faschismus-Verbot in die Verfassung aufzunehmen (das tat übrigens auch Italien), darauf können ja nur Unrechtsstaaten oder Spaghettifresser verfallen. Von den Schildern der ostdeutschen Armeekasernen wären die

Namen der Antifaschisten abgerissen und durch die von Nazi-Generalen ersetzt worden, denn das war in jenen Tagen gute Gepflogenheit in der westdeutschen Bundeswehr. Beruhigt hätte der Ostdeutsche sich zu Bett begeben können, denn er wäre Bürger eines Landes geworden, in dem die Internierung von »Zigeunern« in Konzentrationslager durch die SS während der NS-Zeit höchstrichterlich als »ordnungspolitisch gerechtfertigt« abgesegnet war. (Siehe einschlägiges BGH-Urteil von 1956.) Ein wahrhaft sanftes Ruhekissen.

Und damit noch lange nicht genug: Wenn 1961 die Wende stattgefunden hätte, dann hätte der Ostdeutsche den Vorzug besessen, in einem Staat zu leben, der die weltweiten Aggressionen der USA begrüßt, mit unwürdigsten Sophismen begründet und tatkräftig unterstützt hatte. Auch im Namen des Ostdeutschen hätten dann Tausende Deutsche in Algerien den verbrecherischen Krieg der Franzosen geführt und ihren Beitrag dazu geleistet, dass ein Zehntel des algerischen Volkes abgeschlachtet wurde. (Um den Kolonialkrieg der Franzosen in Indochina, geführt mit Zehntausenden deutschen Fremdenlegionären, auch in Ostdeutschland zu begrüßen, wäre die Wende 1961 leider zu spät gekommen. Dieses ersprießliche französisch-deutsche Jointventure, zu 80 Prozent finanziert von den USA, mit 1,7 Millionen Opfern, war 1956 zu Ende gegangen – mit dem tieftraurigen Ergebnis der vietnamesischen Unabhängigkeit.)

Ja, auch in die ostdeutschen Täler der Ahnungslosigkeit wäre alsbald das Westfernsehen vorgedrungen, mit seinen rassistischen Filmproduktionen aus USA, Großbritannien, Frankreich. In ihnen wurde die Überlegenheit der weißen Rasse wieder und wieder sinnfällig gemacht (»Tarzan«,

»King Kong«, eine Western-Flut). Der Rassismus im Westfernsehen galt nicht den Juden, wohl aber »Negern«, indianischen Ureinwohnern und der spanisch geprägten Kultur Südamerikas. Niemals hatten solche filmischen Produkte im DDR-Fernsehen oder -Kino eine Chance. Auch die Ostdeutschen hätten endlich begriffen, was die Mehrheit der Westdeutschen schon lange begriffen hatte: dass bestialische Verbrechen dann keine bestialischen Verbrechen mehr sind, wenn der freie Westen sie begeht.

Und von einem weiteren Vorzug für den Ostdeutschen muss die Rede sein: Sein Heimatfernsehen würde ihm jeden Tag etwa ein halbdutzend Mal – via Wetterkarte – Deutschland in den Grenzen von 1937 präsentiert haben. Bis zur Unauslöschlichkeit. Hier zeigte der Freiheits-glocken-Journalismus sein schönstes Gesicht. Der Post-DDR-Mensch wäre in den Genuss gekommen, Bürger des einzigen Staates Europas zu sein, der mit Gebietsfor-derungen gegenüber einem anderen Land das politische Klima auf dem Kontinent vergiftet hatte. Denn das tat die Deutsche Bundesrepublik zu dieser Zeit. Über Nacht wäre der Ostdeutsche von einem Freund und Verbündeten Po-lens zu seinem Feind geworden. Und – das darf natürlich nicht unter den Tisch fallen – der Ex-DDR-Bürger hätte von nun an die Freiheit besessen, jene Parteien zu wählen, die das ganze hier beschriebene, herrliche Bild zu verant-worten hatten. Um es kurz und mit leicht abgewandelten Worten von Bertolt Brecht zu sagen, es wäre überhaupt erst einmal eine freiheitlich-demokratische Kultur einge-führt worden in Ostdeutschland, wenn am 13. August 1961 die Wende eingeleitet worden wäre.

Aber leider wurde ja an diesem Tag die Mauer gebaut.

Verlag Das Neue Berlin –
eine Marke der Eulenspiegel Verlagsgruppe Buchverlage

ISBN 978-3-360-01346-0 .

1. Auflage 2019
© Eulenspiegel Verlagsgruppe Buchverlage GmbH, Berlin

Umschlaggestaltung: Buchgut, Berlin
unter Verwendung eines Fotos von mauritius images /
Bjorn Svensson / Alamy
Printed in EU

www.eulenspiegel.com